40년간 평생교육사의 길을 열고 만들어온
평생교육사의 이야기

평생교육사의 탄생과 역사 (2)

40년간 평생교육사의 길을 열고 만들어온
평생교육사의 이야기

평생교육사의 탄생과 역사 (2)

김영옥 지음

우리가 걸어가면 길이 됩니다.

머리글

여러분! 지금 어떤 공부를 하고 계십니까?

영유아가 다닐 수 있는 도서관, 문화센터를 비롯하여 대학평생교육원, 평생학습관, 복지관, 주민센터, 아파트 커뮤니티센터, 마을 도서관, 마을회관, 경로당, 공방, 기술학원, 카페 등에서 영유아부터 100세에 이르기까지 배움을 멈출 줄 모릅니다. 배울 수 있는 공간만 있으면 서로 배우고 가르치는 평생학습시대가 열린 것입니다.

평생학습시대를 체감하는 이유를 구체적으로 말씀드려 보겠습니다.

첫째, 2024년 기준 전국 기초자치단체 226개중 평생학습도시가 198개나 되었기 때문입니다. 이는 전국 기초자체단체의 87.6%가 평생학습도시 체제를 구축한 것입니다. 평생학습도시는 교육부에서 지자체를 대상으로 2001년부터 지정하였으며 언제, 어디서나, 누구나 원하는 학습을 즐길 수 있는 도시를 말합니다. 따라서 전국 평생학습도시들이 평생학습 통해 개인의 자아실현, 사회적 통합증진, 경제적 경쟁력을 제고하여 궁극적으로 개인 삶의 실 제고와 도시 전체의 경쟁력을 향상시키고자 노력하고 있다는 것입니다.

둘째, 국민들이 평생학습권을 보장받을 수 있도록 평생교육법이 강화된 것입니다. 1980년 8차 개정 헌법에 평생교육 조항이 삽입되면서 「헌법」 제31조 제5항에 "국가는 평생교육을 진흥하여야 한다"고 규정하고 있습니다. 「교육기본법」 제3조에서는 "모든 국민은 평생에 걸쳐 학습하고, 능력과 적성에 따라 교육받을 권리를 가진다"라고 명시하며 국민의 평생학습권을 강조하고 있습니다. 국가는 헌법에 명시한 평생교육의 진흥에 관한 책무를 완수하기 위해 1982년 12월 31일에 사회교육법을 제정하였습니다.

사회교육법은 공적 차원에서 사회교육 진흥을 도모할 수 있는 법률적 근거 제공, 사회교육 관련 활동들을 법적으로 보호하고자 했다는 점에서 의미가 있었습니다. 이후 평생교육에 대한 시대적 요구에 따라 사회교육법을 폐지하고 1999년 8월 12일 평생교육법으로 전부 개정하게 됩니다.

평생교육법으로 개정되면서 사회교육전문요원도 평생교육사로 명칭이 변경됩니다. 이에 동일한 명칭이그로 편의상 사회교육전문요원을 평생교육사로 표기하기도 하겠습니다.

평생교육법은 "평생교육센터", "평생교육정보센터", "평생학습관"을 국가와 지방에 설치하도록 되어 있으며, 평생교육 시설을 세분화하였습니다.

2001년부터 구축해온 평생학습도시가 증가하면서 2007년 11월 22일 국가, 광역지자체, 기초지자체까지 평생교육 전담기구를 설치 운영할 수 있도록 평생교육법을 전면 개정하였습니다. 이로써 국가에서 기초지자체까지 이어지는 평생교육체계를 구축하게 되었습니다. 또한 도서관, 복지관, 문화원, 박물관, 사내 시설 등 타법령에 의한 평생교육 시설까지 운영지원을 강화하였습니다. 전면 개정된 평생교육법은 2008년부터 효력을 발생하면서 평생교육이 전국으로 확산되었습니다. 이후 국민의 평생학습 요구와 사회변화에 대응할 수 있도록 평생교육법이 여러 차례 개정되고 신설되는 등 평생교육이 점점 활성화되고 있는 것을 알 수 있습니다.

셋째, 주민 누구나 근거리에서 학습할 수 있고 평생교육 소외계층에게 우선적으로 평생교육이용권을 발급할 수 있게 되면서 국민의 평생학습 지원이 이루어지고 있습니다. 또한 비문해자, 장애인, 노인 대상 평생교육 법이 강화되면서 평생교육 소외계층의 평생학습권 보장이 가능해지고 있습니다.

2014년 평생교육법에 읍면동 평생학습센터 운영 조항이 신설, 2023년

의무사항으로 개정되면서 시장·군수·자치구의 구청장은 읍·면·동별로 주민을 대상으로 하여 평생교육프로그램을 운영하고 상담을 제공하는 평생학습센터를 설치하거나 지정하여 운영하여야 합니다. 이에 각 지자체는 조례를 제정하고 읍면동 평생학습센터 운영에 박차를 가하고 있습니다. 국가와 시도가 문해교육센터를 설치하고 문해교육종합정보시스템을 구축·운영할 수 있는 기반을 마련함으로써 기초문해부터 학령인정 문해교육까지 활성화되었습니다. 국가는 장애인평생교육진흥센터를 설치하고 장애인 평생학습도시를 지정 및 지원하고 있으며, 노인 평생교육과정을 설치·운영할 수 있는 조항도 신설하였습니다.

넷째, 대학이 평생교육원 운영에 국한하지 않고 학령기 이후 성인학습자들이 학위를 취득하는 고등평생교육체제로 전환하고 있습니다. 대학평생교육은 사회교육법 제 24조 1항에 대학부설 사회교육원을 의무화함으로써 본격적으로 시작되었다고 할 수 있습니다. 1980년대 후반부터 대학 평생교육원이 설치되기 시작하면서 1990년대에 양적으로 팽창하게 됩니다. 1999년 평생교육법으로 전부 개정되면서 대학평생교육이 학점, 학위, 자격을 부여할 수 있게 되었습니다.

　국가는 대학을 평생교육의 중심으로 육성하기 위해 2008년 '평생학습중심대학 육성사업'을 추진하기 시작하였습니다. 이후 '평생교육 단과대학 지원사업', '대학의 평생교육체제 지원사업'으로 발전하게 됩니다. 평생교육체제 대학은 성인학습자들이 다시 대학에 들어와 역량을 개발하고 사회에서 활용할 수 있도록 지역 수요에 맞는 다양한 학과를 개설하고 있습니다. 일과 학습을 병행할 수 있도록 유연한 학사제도와 다양한 수업방식을 도입하는 등 성인학습자 중심의 평생교육체제로 체질을 개선하고 있습니다. 따라서 2024년 12월 초고령사회로 접어든 시점에서 대학이 전통적인 학령기 학생만이 아니라 성인학습자들이 연령에 제한 없이 대학에서 비학위 과정과 학위 과정을 넘나들며 인생을 설계하는 변화가 일어나게 된 것입니다.

　이처럼 우리는 평생교육시대에 살고 있습니다.

평생교육 시대를 열리게 한 사회교육법이 제정된 1982년!

　저는 청주사범대학 교육학과에 입학하였으며, 사회교육법에 의해 대학에 개설된 사회교육전문요원 자격과정을 이수하고 1987년 사회교육전문요원(평생교육사) 자격을 취득하였습니다.

교원자격증이 쓰여질 것이라 생각하고 4년간 공부를 하였는데 보험 들듯이 취득한 평생교육사 자격증이 39년 동안 평생 직업을 갖게 해줄줄이야 ….

1982년 사회교육법이 제정된 후 국가는 1986년 사회교육전문요원(평생교육사)를 처음 배출 했었기 때문에 1987년 사회교육전문요원이란 자격증은 생소하였습니다. 대학을 졸업하고 조교 생활을 하다가 드디어 사회교육전문가로 사회에 진출하였는데 우리나라에서 처음으로 생긴 자격증이다 보니 지인들에게 직업을 설명하기가 쉽지 않았습니다. 더군다나 근무지가 주성초등학교 교무실이었으니까요.

이처럼 평생교육을 추진할 별도의 사무실이 없이 1987년 당시 충북 평생교육 기관장을 겸직하고 있는 주성초등학교 교장선생님 근무지에 사무실을 두다보니, 저는 주성초등학교 교직원과 함께 지내며 평생교육 업무를 추진할 수 밖에 없었습니다.

대학을 졸업하고 20대에 주성초등학교에서 평생교육을 시작하여 39년간 쉬지 않고 평생교육사의 길을 걸어왔습니다. 평생교육사 자격 과정을 시작한 대학교 2학년부터 40년이란 시간을 돌이켜보니, 제가 평생교육 현장에서 펼쳐온 일들이 평생교육의 역사가 된 것을 느끼게 되었습니다.

우리나라 평생교육 역사!

평생교육에 목적을 두고 사업을 추진해온 우리나라 평생교육 기관단체의 역사를 살펴보겠습니다.

사회교육법이 제정되기 전, 1969년 한국지역사회학교후원회가 조직되어 전국지부를 설치하고 유급 직원을 채용하여 초중등학교를 중심으로 평생교육을 펼쳐온 것을 알 수 있습니다.

특히 기업가인 현대그룹 정주영 회장님이 초대회장으로서 평생교육 발전에 큰 기여를 하였습니다. 제가 입사해 업무를 추진할 당시 서울사범대학장님이셨던 김종서 교수님, 백명희 이화여대 사범대학장님, 황종건 교수님, 정원식 교육부장관님, 김신일 서울사대 교수님, 이상주 강원대 총장님, 한준상 연세대 교수님, 그리고 김인자 서강대 교수님, 최일섭 서울대 교수님,

주성민 총무님, 김근세 충북협의회장님 등 많은 분들이 임원으로 활동하였습니다.

또한 1966년 한국교육학회 사회교육연구회(회장 황종건)로 출발하여, 1991년부터 학술지를 정기적으로 발간하기 시작했고, 1995년에는 연구회를 학회로 확대 개편한 것을 알 수 있습니다.

그리고 1976년 한국사회교육협의회 명칭으로 창립된 한국평생교육연합회가 평생교육 관계자들의 전문성을 함양하고, 평생교육기관 및 단체 간 협력 증진과 회원 상호 간의 연계를 통해 한국 평생교육 진흥에 힘써왔습니다.

사회교육법이 제정된 1980년대에는 한국지역사회학교후원회가 전국 시도에 지역협의회를 조직하고 교육청과 협력하여 전국 초중등학교를 평생교육의 장으로 만드는 일에 주력하였습니다.

또한 1989년 한국문해교육협회가 발족되어 비문해자의 학습권 실현에 앞장서 왔습니다.

1990년대 중반 이후에는 교육청 산하 도서관이 평생교육정보센터로서 허브 역할을 하였습니다. 이 시기에 한국지역사회교육협의회는 전국 지방조직을 통해 부모교육을 비롯한 다양한 평생교육지도자를 양성하여 학교, 도서관 등 각 교육기관단체에 평생교육을 프로그램을 지원하는 업무와 도서관 지원 사업에 주력했습니다. 또한 1999년 전국기초문해교육협회가 조직되어 소외된 비문해학습자들에게 문해기초교육의 기회를 제공하고 문해교육기관과 문해교육프로그램의 운영을 지원하였습니다.

2000년대에 접어 들면서 교육부는 평생교육의 중심을 시군구 지자체에 두고 사업을 추진하게 됩니다.

지자체가 평생학습도시로 선정되면서 평생교육이 전국으로 확산하게 됩니다. 지자체는 평생교육시설을 마련하고, 평생교육사 공무원 채용 등 인력 및 예산을 확보하고 모든 시민에게 평생학습을 지원할 수 있도록 시스템을 구축하게 됩니다. 지자체의 평생교육 진흥에 관한 사항은 평생교육법 조항에 명시하고 있고 지자체는 조례로 제정하고 있습니다. 국가는 평생교육의 영역을 기초문해교육, 학력보완교육, 직업능력교육, 문화예술교육, 인문교양교육, 시민참여교육, 성인진로설계교육 등으로 분류하고 지역 주민이 언제 어디서나 배우고 성장할 수 있도록 지원하고 있습니다.

그리고 2002년 이규선 회장을 중심으로 한국평생교육사협회가 발족하게 됩니다. 평생학습도시에서 평생교육사 공무원을 채용하기 시작하던 시기였기에 협회는 평생교육사 연수 등 평생교육사의 권익 신장을 위한 사업을 추진하게 됩니다. 2012년부터 광주지역 평생교육사협회를 시작으로 경기도 지역 협의회, 2016년 충북평생교육사협회(초대회장 김영옥) 등 전국 지부가 조직 되면서 권익신장, 전문성 향상, 정책 연구, 평생교육 진흥 등 평생교육사협회의 기능이 강화되었습니다.

2007년 평생교육법이 대폭 개정되면서 교육부 산하의 평생교육진흥원(1대 원장 박인주), 시도평생교육진흥원, 시군구 평생학습관으로 연결되는 평생교육체제를 갖추게 됩니다. 교육부 산하 평생교육진흥원은 2대 최운실 원장님이 재직 시기에 국가평생교육진흥원으로 명칭을 변경하면서 국가, 광역 시도, 시군구 지자체 이렇게 정부 조직의 평생교육 전담 기구가 설립되면서 국민의 평생교육이 활성화하게 되는 계기가 되었습니다.

2008년 교육부는 평생학습 중심대학을 도입하고 대학을 지역사회 평생교육 거점 대학으로 육성하기 시작했습니다. 그리고 2018년 교육부는 학위과정과 비학위과정 50개교를 평생교육 중심대학으로 선정하면서 직업계고

졸 재직자를 대상으로 학사 학위를 주는 성인대학 활성화에 주력하게 됩니다. 당시 서원대학교(손석민 총장님)는 경영학, 사회복지학 학위과정을 개설하게 됩니다. 교육부는 이렇게 학위과정과 비학위과정 등을 지원해오다가 2017년부터 본격적으로 대학의 평생교육체제제 지원사업을 지원하게 됩니다. 선정된 대학은 성인학습자를 대상으로 학과형, 학부형, 단과대학형 등 다양한 형태로 학위과정을 운영합니다. 이 때 서원대학은 성인단과대학형으로 선정되어 성인학습자를 대상으로 학사학위 과정을 확고하게 구축하게 됩니다. 이어 LIFE사업(김영미 단장님)으로 전환되었으며 교육부는 2023년 LIFE 2주기 사업에 서원대학교 등 49개교가 선정하였습니다. 성인학습자가 학사 학위 취득하는데 어려움이 없도록 평생교육체제로 체질을 개선하는 대학이 늘어나게 되었습니다. LIFE사업이 종료되는 시점인 2025년 6월부터는 지자체와 협력하여 지역혁신중심 대학지원체계(RISE) 구축을 통해 성인 단과대학 활성화는 물론 생애주기별 직업·평생교육 앵커대학으로 육성하는 시점에 와있습니다.

    이러한 평생교육 역사 속에서 1984년 평생교육사 자격 과목을 수강하기 시작하여 평생교육사 자격을 취득하고 평생교육 불모지이던 1987년부터 평생교육사로 활동하게 됩니다. 정주영 회장님이 운영했던 한국지역사회교육후원회 충북지회를 시작으로 도서관 평생교육 실무, 지자체 공무원으로 평생교육사 직무를 수행해 왔습니다. 2014년 서원대학교 교수로 임용되어 대학을 평생교육체제로 활성화하는 역할과 평생교육사를 양성해왔습니다. 2021년 평생교육 석사, 2023년 평생교육 박사과정이 개설(김정진 주임교수님)되면서 석박사 양성 과정에 함께해왔습니다. 2023년부터는 성인학습자 단과대학(최흥렬 학장님)에 평생교육 전문가를 양성하는 타이프설계전공을 개설하고 주임교수로서 학사 운영과 평생교육 연구에 주력해오고 있습니다.

이처럼 평생교육사가 탄생하던 시점부터 40여년간 평생교육의 길을 열고 만들어 온 평생교육사의 인생이 평생교육의 생생한 역사가 될 수 있다고 생각하여 기록하게 되었습니다.

평생교육사의 탄생과 역사는 시리즈로 출간할 계획입니다. 우선 1권과 2권에는 초중등학교를 중심으로 평생교육을 실천했던 이야기와 당시 평생교육의 이론을 정립하고 실천방안을 모색해왔던 학자와 실천가의 글을 실었습니다.

평생교육에 다가가고 실천하시는 모든 분들이 평생교육의 가치와 중요성을 되새기는 시간이 되었으면 하는 바램으로 제가 경험한 평생교육사 현장의 소리를 담고자 하오니 평생교육사의 여정에 함께 해주시면 감사하겠습니다.

2025년 2월
서원대학교 행정관 연구실에서
김영옥

추천의 글

　　평생교육이라는 개념조차 자리 잡지 않았던 50여 년 전, 교육은 여전히 학교 울타리 안에 머물러 있었습니다. 그러나 그 때에도 지역사회학교운동은 학교의 문을 지역으로 개방하고 교육의 경계를 넘어서고 있었습니다. 하루 8시간 사용하던 학교를 16시간 개방하여 학생과 지역주민이 함께 배우는 공간으로 전환하자는 '지역사회학교운동'은 단순한 제도 개선을 넘어, 학습을 삶의 현장으로 확장한 시대의 선구적 실천이었습니다. '지역사회학교운동'은 학교라는 물리적 공간을 넘어, 지역의 모든 교육 자원을 연계하고 주민의 삶 전반에 관여하는 확장된 실천 모델이었습니다. 중앙대 이희수 교수의 언급처럼 "지역사회교육은 평생교육의 원형"이며, 이러한 실천 철학은 오늘날 평생교육의 핵심 기반이 되었습니다. 이렇게 정립된 개념과 실행의 결합이 바로 '지역사회교육'이며, 이는 교육의 주체를 학교에서 지역으로 이동시키고, 일상 속에서 배움이 이루어지는 환경을 조성하는 데 중대한 전환점이 되었습니다.

　　『평생교육사의 탄생과 역사』는 이러한 지역사회학교운동의 출발점부터, 평생교육사 제도의 성립과 지역사회교육이 평생교육으로 전국 확산된 흐름을 섬세하게 담아낸 역작입니다. 특히 이 책은 '좋은 가정 만들기', '좋은 학교 만들기', '좋은 지역사회 만들기'라는 실천목표 아래 부모교육, 학부모 참여, 지역 맞춤형 프로그램 등이 어떻게 전개되었는지를 구체적으로 조망하며, 평생교육이 제도에 머무르지 않고 사회 전체의 변화와 연결되는 과정임을 입증하고 있습니다.

1권은 '평생교육사의 제도화'와 '조직 기반의 확산'을 중심으로 구성되어 있습니다. 1부에서는 1987년 사회교육전문요원 자격 제도의 도입, 정주영 회장이 참여한 지역사회학교후원회의 활동, 충북 지역의 선도적 실천 사례 등을 통해 평생교육사라는 전문 직역의 탄생 배경을 조명합니다. 2부에서는 시·군 단위의 조직 결성과 사무체계 구축, 실무자 양성 등 실천 기반을 제도화하며 전국적 확산을 이끈 조직적 토대를 분석합니다.

2권은 지역사회 중심의 교육 실천을 구체화한 내용을 담고 있습니다. 1부는 시·군 단위의 전략 세미나 개최, 모델학교 육성 등을 통해 지역을 학습공동체로 전환해 나간 과정을 다루고, 2부에서는 75개 초등학교 중심의 부모교육 실천 사례와 '좋은 부모되기 운동'을 통해 가정-학교-지역사회가 함께 작동하는 평생학습 생태계의 가능성을 실증적으로 보여줍니다. 특히, 소식지 발간과 정책 제안 활동은 지역 기반 시민교육의 실천적 전략으로 평가됩니다.

이 책을 집필한 김영옥 교수는 서원대학교 라이프설계학과에서 성인학습자의 학습권 보장과 자기주도 역량 강화를 위한 실천을 꾸준히 이어오고 있습니다. 그간 평생교육사의 양성, 재교육 체계 수립, 지역 기반 학습모델의 정착 등 평생교육 제도의 뼈대를 세우는 데 중심적인 역할을 해왔으며, 그의 실천 여정은 곧 우리나라 평생교육운동의 역사이자 미래를 향한 나침반이라 할 수 있습니다. 김영옥 교수의 『평생교육사의 탄생과 역사』는 단순한 회고를 넘어, 평생교육의 뿌리를 탐색하고 현재의 좌표를 점검하며, 미래의 방향을 설계하게 하는 실천적 이정표입니다. 이 이정표는 평생교육에 대한 철학적 성찰, 제도적 통찰, 실천 전략이 유기적으로 결합된 총체적 기록으로서, 평생학습을 고민하는 연구자, 실천가, 정책 담당자 모두에게 깊은 영감을 줄 것입니다.

지속가능한 사회, 연대하는 공동체, 배우는 시민을 지향하는 오늘날, 『평생교육사의 탄생과 역사』는 평생교육이 사회를 어떻게 변화시킬 수 있는지를 다시금 확인하게 하는 귀중한 증언서가 되어줄 것이기 나는 이 책을 평생교육의 길 위에 선 모든 이들에게 자신 있게 추천합니다.

2025년 2월
교육실천 50여년의 길 위에서 주성민
한국지역사회교육재단 명예이사장

[평생교육법 탄생 배경 및 역사]

　대한민국 정부 수립 후 1949년 공포된 교육법은 주로 학교교육과 관련된 내용으로 이루어져 사회교육에 대한 규정은 담고 있지 않았다. 이에 1952년 당시 문교부 성인교육과는 사회교육에 관한 법제정을 시도했다. 그러나 심의과정만 거듭하고 국회를 통과하지 못하다가 30년이 지난 1982년이 돼서야 비로소 사회교육법이 제정·공포되었다.

　한편 사회교육법이 제정되기 앞서 1980년 제5공화국 헌법 제29조 제5항에 평생교육 진흥조항이 신설되었고, 국민의 평생에 걸친 교육권 내지 학습권을 보장하기 위한 헌법적 근거가 마련되었다. 이처럼 헌법에서 국가에 대한 평생교육진흥의무를 신설한 것은 21세기 지식기반사회의 도래에 따른 평생교육에 관한 중요성에 대한 인식과 당시 학교교육을 둘러싼 내적·외적 변화에 적극적으로 대처하기 위한 것이었다.

　즉 학교교육의 제한과 과열과외에 대한 보완책이 필요했고, 산업발전에 부응하는 인력수급이 필요했으며 청소년 비행이 증가하여 청소년 선도의 필요성이 생겼고 부녀자·노인들에 대한 적응교육이 필요했기 때문이다. 하지만 헌법에 새로이 도입된 평생교육 조항은 통합적 차원의 평생교육을 지향하기 보다는 사회교육 진흥 조항에 지나지 않았다.

이것은 당시의 헌법 제29조 제5항에서 "국가는 평생교육을 진흥해야 한다"라고 규정하면서도 제6항(현행 헌법 제31조 제6항)에서 학교교육 및 평생교육을 포함한 교육제도라고 규정함으로써 학교교육과 평생교육을 같은 차원으로 병치시켜 놓고 있다는 점과 당시 문교부가 헌법 개정 당시에 제출한 문서에 평생교육을 i) 학교 외 청소년 교육, ii) 성인교육(농민, 노동자 교육), iii) 부녀자 교육, iv) 노인교육, v) 취학전 교육, vi) 대중교육을 의미하는 것으로 사용한 것에서도 알 수 있다.

그러나 사회교육법의 이러한 의의에도 불구하고 학교교육 중심의 교육법의 하위 법처럼 인식되었고, 각종 사회교육기관의 학습 이수 결과에 대한 평가 · 인정제도가 마련되지 못했으며, 급변하는 사회 환경의 변화에 따른 교육개혁 차원에서의 요구, 평생교육계의 새로운 수요에의 부응 등을 이유로 1999년 평생교육법으로 전면 개정되었다. 평생교육법은 2000년 3월부터 효력을 발했고, 이에 따라 우리나라 교육법은 교육기본법 아래 초 · 중등교육법, 고등교육법, 평생교육법 체계를 갖추게 되었다.

하지만 총 5장 32개조로 구성된 평생교육법은 사회교육법을 근간으로 제정되었다는 점, 법 규정의 내용이 추상적이고 법적 구속력이 미비하다는 점, 관계자들의 책무관계가 불명확하다는 점, 우리나라의 평생교육이 양적·질적으로 상당한 수준에 이르렀음에도 불구하고 평생교육의 국가적 추진체제의 정비가 미비하여 급변하는 평생교육계의 새로운 수요에 부응하는 데 한계가 있다는 점 등의 여러 가지 문제점을 지적되어 왔다. 그리하여 이러한 문제점을 해결하고자 시행 6년만인 2006년에 평생교육법 전면 개정이 추진되었다. 개정법은 2007년 12월 14일 개정·공포되었다.

- 출처: 이세정(2008), 개정 평생교육법의 주요 내용과 법적 문제점, 법제연구, 35(1), 371-398.

1986년 사회교육전문요원 배치와 사회교육단체

양 열 모 / 문교부교육정책실

우리는 오늘날의 사회를 학습사회라고 부른다. 이러한 사회에서는 누구나 배우면서 생활하고 생활하면서 배우는 일이 중요하다. 사회교육법은 건전하고 능률적인 학습사회의 건설을 촉진하기 위해 제정되었다. 그중 사회교육단체에 관련된 부분을 살펴보면 다음과 같다.

1. 사회교육전문요원양성 및 배치

교육종사자가 5인 이상이고 동시에 50인 이상(또는 연간 500인 이상)을 교습하거나 이용하게 하는 사회교육시설과 단체에는 사회교육 과정을 편성·진행하고 교육 효과를 분석·평가하는 등 사회교육 활동을 기획·분석하고 지도 업무를 전담하는 사회교육전문요원을 배치하도록 되어 있으며, 전문요원은 대학과 대학원 그리고 사회교육전문요원연수원(현재는 미설치)에서 1986년도부터 양성 배출된다.

2. 사회교육시설의 종류 및 기준

(1) 일반 사회교육시설

학습비가 무료이거나 사회봉사를 목적으로 운영하는 시설로서 사설강습소에 관한 법률의 적용 대상이 아닌 사회교육시설을 말하며, 노인교실, 주부교실, 청소년야영 및 여가시설 등이 이에 해당 된다. 시설기준은 수업실, 관리실 각1실 이상과 도서 500권 이상으로 되어 있다.

(2) 학교형태 사회교육시설

교육과정과 교육시설 등이 중학교 또는 고등학교와 유사한 시설로서 불우청소년 등을 대상으로 사회봉사를 목적으로 하는 사회교육시설을 말하며, 새마을학교, 청소년직업학교 등이 해당된다. 시설기준은 일반사회교육시설과 같다.

(3) 종합 사회교육시설

대규모 사회교육시설로서 각급기관 또는 개인 등을 대상으로 직업교육, 위탁교육, 연수교육 등 교육과정을 종합적으로 운영하는 사회교육시설을 말하며, 산업연수원, 언론기관의 문화센터 등이 해당된다. 시설기준은 학습 시설등 교사가 1,200㎡이상, 기숙사 1,470㎡이상, 체육장 1,150㎡ 이상을 갖추도록 되어 있다.

(4) 학교부설 사회교육시설

각급 학교는 학교수업에 지장이 없는 범위내에서 노인, 주부, 지역주민 등을 대상으로 각종 교양과목과 직업기술교육 등 사회교육을 실시하도록 되어 있다. 일정한 시설기준은 없으면 각 학교의 특성에 따라 유휴시설을 활용하여 사회교육을 실시하면 된다.

(5) 사회교육전문요원연수원

사회교육전문요원을 양성할 목적으로 설치된 사회교육시설로서 국가와 지방자치단체, 대학운영학교법인, 재단법인 만이 전문요원연수원을 설립 운영할 수 있다. 시설기준은 수업실 등 교사가 1,420㎡이상, 도서 5,000권 이상, 기숙사 2,100㎡이상, 체육장 1,650㎡이상을 갖추도록 되어 있다.

3. 사회교육시설의 설치절차

일반 및 학교형태와 종합사회교육시설은 일정한 요건을 갖추어 교육위원회에 등록하면 되고, 학교부설 사회교육시설은 초·중·고등학교 부설인 경우에는 교육위원회에, 전문대 및 대학인 경우에는 문교부에 신고하도록 되어 있으며, 전문요원연수원은 문교부에 직접 인가를 받아야 한다.

4. 사회교육단체와 사회교육

사회교육단체라 함은 사회교육을 주된 목적으로 하는 법인과 단체를 말하며 일정한 규모 이상의 사회교육단체에는 사회교육전문요원을 배치하도록 되어 있다. 국가와 지방자치 단체는 예산의 범위내에서 사회교육단체에 예산을 보조 할 수 있으며, 교육위원회는 사회교육단체를 지원 및 지도와 종사자들의 연수교육을 실시할 수 있도록 되어 있다. 공익법인의 설립 운영에 관한 법률, 사회단체 등록에 관한 법률 등 다른 법률에 의하여 설립된 법인과 단체가 사회교육법에 의한 사회교육을 실시하고자 할 경우에는 일정한 시설을 갖추어 일반·학교형태·종합사회교육시설로 교육위원회에 등록할 수 있다.

등록된 사회교육시설은 국가로부터 안정감과 공신력을 가질 수 있으며, 현재는 국가로부터 특별한 혜택은 없지만 제 6차 경제개발 5개년 계획에 사회개발분야에 많은 트자를 할 계획이므로 향후 국가가 행정적, 재정적 지원이 있을 경우에는 등록된 사회교육시설이 우선적으로 혜택을 받을 것으로 전망된다.

출처 : 한국지역사회교육후원회, 새아웃 164호(1986년 3월)

차 례

머리글 ·· 4
추천의 글 ·· 17
평생교육법 탄생 배경 및 역사 ··· 21

제1부 시·군에 평생교육 이념 보급, 초중등학교가 평생교육을 실천하다

제1장 시·군에 평생교육 이념 보급 및 실천 전략 세미나를 개최하다
1. 시군 교육청과 협력하여 지역사회교육운동 세미나, 연수를 기획하다 ········· 36
2. 충주시·중원군 지역사회교육 세미나 ·· 39
3. 제천시·제원군/청주시/단양군/음성군 지역사회교육운동 세미나
   - 지역사회학교운동은 왜 필요한가? ·· 54
4. 충북지역사회교육운동 이념 보급 및 대상별 평생교육 실천 역량 강화
   연수 활성화 ·· 62

제2장 초중등학교가 중심이 되어 평생교육을 실천 전략 수립
1. 75개교가 지역사회학교 현판을 달고 본격적으로 평생교육 운영에 돌입하다 ·· 74
2. 시·군별 지역사회학교 운영위원 워크숍
   - 학교를 평생교육 장으로 만드는 노하우를 배우다 ····························· 87
3. 지역사회학교 운영위원회의 - 학교를 평생교육 장으로 만드는 실천 전략을
   공유하고 배우다 ·· 93
4. 전국 지역사회학교 운영 관계자 세미나 - 평생교육 운영 실천력을 높이다 ···· 99

제3장 교육부, 교육청, 한국지역사회 교육후원회가 평생교육 실천할 시범 지역사회학교 육성(1)

1. 평생교육을 실천하는 초중고 시범 지역사회학교 육성 ················ 108
2. 청주 흥덕초 지역사회학교 – 학자모 동호 취미교실의 시범적 운영 ········ 123
3. 음성 대소초 지역사회학교 – 노인건강교실과 어머니 원예교실 운영 ········ 130
4. 충주 예성중학교 – 지역사회와 서로 돕는 학교
   – 어머니교실 운영을 중심으로 – ····················· 134
5. 제천고 – 학교시설 개방을 통한 어머니의 역할 기능 신장 방안 ········ 144

제4장 평생교육 시범 및 시군 지역사회학교 육성(2)

1. 1992년 지역사회학교 시범학교 – 영동초교 ················· 148
2. '92년도 도교육청 지정 시범 지역사회학교 – 청주농고, 진천덕상중 ········ 151
3. 충주시 중원군 우수 지역사회학교 – 충주여중 '가을학기 강좌의 문을 열며' · 161
4. 청주내덕초교 – 아이들의 교육장소를 자모들의 배움터로 ········· 166

제5장 평생교육으로 주민의 배움의 장, 지역사회 화합의 장으로 변화시킨 쌍봉초등학교

1. 주민에게 배움의 기회 제공 – 농업의 기계화에 앞장서가는 쌍봉어머니들 ···· 173
2. 지역사회 문고 개설 – 한국지역사회교육후원회 아동·성인도서
   1,000권 기증 ································· 177
3. 부모들에게는 신뢰받는 학교, 아이들에겐 즐거운 곳 그리고 지역사회와는
   서로 돕는 곳 ································· 181
4. "학교와 가정과 지역사회를 하나로" 만드는 쌍봉 지역사회학교 ········· 185
5. 모든 주민들이 교장선생님의 신바람에 감동하여... ·············· 192

제2부 좋은 학교, 주민 평생교육에 앞장서는 75개 초중등학교, 평생교육 실천 부모교육 지도자 육성에 주력하는 협의회

제6장 좋은 학교 만들기에 주력하는 지역사회 학교
1. 청주율량초등학교 - 긍정적인 학부모의 교육열, 평생교육으로 바꾸다 …… 202
2. 좋은 학교 만들기에 앞장선 학부모들 ……………………………… 206
3. 자녀 교육환경 개선 ……………………………………………… 211
4. 충북 최초 지역사회학교 조직 - 제천 청전초교 (1985년 7월)
   '학교, 가정, 사회를 잘 연결시켜주는 주민 평생교육의 장 운영' …………… 219

제7장 학부와 지역주민의 평생교육 배움터가 되는 지역사회학교
1. 좋은 부모, 우선 부모교육부터 - 부모교육 정규 프로그램 열풍 ………… 224
2. 내 아이와 함께 성장하는 학부모들 …………………………………… 227
3. 지역주민의 요구에 맞는 평생교육 프로그램 운영 ……………………… 231
4. 지역사회 문제 해결에 앞장서는 지역사회학교 ………………………… 234

제8장 지역사회학교 평생교육 핵심 프로그램 - 부모교육 보급
1. 지역사회교육운동과 부모교육 …………………………………………… 240
2. 지역사회학교 핵심 프로그램 - PET(부모역할훈련)을 확산하다 ………… 244
3. 부모교육 지도자 양성 - 부모교육 확산 및 운동가로 나서다 …………… 262
4. 한국형 부모교육 프로그램 개발 보급 - 부모에게 약이 되는 프로그램 …… 265
5. 부모에게 약이 되는 이야기 소책자 발간 보급 - 부모에게 비타민이 되다 …… 275

제9장 평생교육 부모교육 지도자 육성 및 좋은 부모되기 운동 전개

  1. 부모예절교육 지도자 양성 – 청소년 예절교육 지도에 나서다 ·················· 280
  2. 청주 좋은 가정 만들기 모임 – 부부사랑, 가족사랑으로 이어지다 ············ 286
  3. 삼성 좋은 가정 만들기 모임 – 전국 평생교육 학습동아리 사례가 되다 ····· 292

제10장 소식지 발행을 통해 평생교육의 중요성과 실천 전략을 보급하다

  1. 충북새이웃 소식지 발간 보급 – 평생교육 확산
    (충북새이웃 1호를 발행하다) ·· 300
  2. 창간사 (1988.3. 창간호) – 내 지역의 학교를 평생교육의 장으로··· ··········· 304
  3. 축사 – 지역사회학교운동과 성숙한 시민 ··· 307
  4. 축사 – 새이웃의 이웃되기 ··· 310
  5. 중앙 새이웃 발간, 전국 초중등학교에 보급 – 평생교육의 지평을 넓히다 ····· 313

  집필 후기 ·· 330

제1부

시·군에 평생교육 이념 보급,
초중등학교가
평생교육을 실천하다

제1장

시·군에 평생교육 이념 보급 및
실천 전략 세미나를 개최하다

1.
시군 교육청과 협력하여
지역사회교육운동 세미나, 연수를 기획하다

1980년 후반기 실무자 1명으로 충북 11개 시군 초중등학교를 평생교육을 실천하는 지역사회학교를 만드는 일은 쉽지가 않습니다. 그렇기 때문에 본부인 한국지역사회교육후원회에서 전국 시군 지역에 평생교육 이념을 보급하는 세미나를 지원해주었습니다.

저는 시군 교육청과 협력하여 교육 대상자를 모았습니다. 시군의 교육 장소를 섭외하고 본부 담당자와 협의해가며 세미나 준비를 하였습니다.

준비 계획을 작성한 수첩을 가지고 체크해가며 세미나를 준비했던 기억이 선연합니다. 세미나는 1박2일~ 2박3일 과정으로 이루어졌기 때문에 본부에서 내려온 실무자와 함께 1일 전부터 숙박하며 시군별 세미나 및 연수를 준비했습니다.

충북 지역은 북부에서 남부까지 길게 뻗어 있기 때문에 실무자 1명이 충북 지역의 지역사회학교 운영 업무를 추진하기에는 한계가 있습니다. 그래서 각 시군별 지역사회교육 세미나를 마치고 추진위원회를 결성하였습니다. 추진위원회가 각 시군을 맡아 업무에 도움을 줄 수 있도록 하였습니다.

충주시 중원군 세미나, 제천시 제원군 세미나, 괴산군 세미나를 마친 후 세 곳 모두 추진위원회가 결성되어 사업을 조직적으로 운영할 수 있는 기반이 만들어 질 수 있었습니다.

또한 세미나에 참가한 초중등학교 교장 및 관계자들은 평생교육의 필요성을 인식하고 의지가 많은 학교장의 경우 단체회원으로 가입을 하게 됩니다. 가입한 학교에는 지역사회학교 현판을 달아주는 현판식을 해드립니다. 현판을 달면 지역사회학교, 즉 평생교육을 실천하는 학교가 되며, 협의회와 유기적인 관계를 갖고 평생교육 실천에 관한 많은 정보와 지원을 하게 됩니다.

이와 같은 지역사회교육운동 세미나는 최근에 이루어지는 평생교육 관련 세미나의 형태였다고 볼 수 있습니다. 20대 후반에 세미나, 연수, 워크숍 등을 개최한 경험은 향후 세미나 추진에 큰 도움이 되었습니다.

이처럼 80년대 후반의 평생교육 이념 보급은 교육청과 협력하여 초중등학교 관계자들을 대상으로 했다고 볼 수 있으며, 사회교육법이 제정되고 평생교육을 실천한 분들은 바로 학교 교장 선생님, 교감 선생님, 담당교사, 어머니회 임원, 지역사회 리더라고 할 수 있습니다.

평생교육 이념이 담긴 〈To Tcuch A Child〉 영화를 상영하기 위해 무거운 영사기를 들고 가서 16mm 영사기 필름을 돌렸던 기억이 생생합니다.

1980년대 후반 많은 인원을 대상으로 평생교육 이념을 보급하기 위해서는 지금처럼 빔 프로젝트가 없었기 때문에 영화가 가장 효과적인 매개체였습니다. 그리고 큰 규모 컨벤션센터나 세미나 시설이 없었기 때문에 최고의 장소가 강당이었습니다.

그때의 강당은 지금으로 말씀드리면 모든 행사가 이루어졌던 다목적 시설이었습니다.

평생교육 실무자인 저는 강당을 세미나 장소로 탈바꿈 시켜야 했습니다.

그 넓은 강당에 접이식 의자를 200~300여개를 깔아 놓는 일부터 시작합니다. 가운데 중심을 잡을 의자를 먼저 놓고 의자를 깔아 놓습니다. 그런 후 마이크, 연단, 기자재를 점검합니다. 현수막을 부착하고 입구에 포스터 물감으로 직접 완성한 포스터를 입구에 부착합니다. 입구에 등록부를 설치하고 참가자 싸인을 받고 명찰을 달아줍니다. 자료를 배부하고 세미나장으로 안내합니다.

각 시군 초중등학교를 대상으로 추진한 평생교육 실천 지역사회교육 세미나를 소개합니다.

2. 충주시·중원군 지역사회교육 세미나

1989년 7월 12일~13일에 걸쳐 충주시·중원군 지역사회교육운동 세미나를 가졌습니다. 충주시교육청 회의실에서 열린 이번 세미나에는 충주시 중원군의 교감, 교사, 운영회장 등 총 90명이 참석하여 불볕 더위에도 불구하고 이틀간의 일정을 무사히 마칠 수 있었습니다.

첫날 황종건(명지대 사회교육대학원) 교수님의 "지역사회교육운등과 교육자치"에 대한 주제 강의와 본회 김종서 부회장님의 지역사회교육의 필요성 및 실천 과제를 내용으로 하는 강의가 오후에 이어졌습니다. 특히 이날은 점심식사 후 충주여중의 교사가 자원자로 나서서 돈 타령과 게임 송 등으로 활기찬 분위기를 만들어 준 레크레이션 시간이 인상적이었습니다.

- 일시 : 1989년 7월 12일~13일
- 장소 : 충주시교육청 회의실
- 참석 : 충주시 중원군 교감, 교사, 운영회장 90명
- 세미나 진행하는 김영옥 간사

　둘째 날은 본회 주성민 총무님의 진행으로 지역사회학교 운영의 실제와 프로그램을 알아보는 분반 토의 시간을 가졌습니다. 시종 진지한 참여 모습과 발표를 보면서 각자 많은 것을 배우고 돌아가는 시간이 되었으리라는 생각을 갖게 하였습니다.

■ 회장인사
– 지역사회학교운동의 세찬 바람을 기대하며 …

김근세 (한국지역사회교육 충북협의회장)

교감·교사·어머니 여러분! 싱그러운 신록의 계절입니다.

가정의 달, 청소년의 달이라고 불리워지는 5월에 충주·중원 지역에서 지역사회학교 연수회를 개최할 수 있게 되어 더욱 뜻깊게 생각합니다. 특히 연수회를 개최할 수 있도록 많은 애를 써주신 협의회 진기두 부회장님을 비롯하여 이 자리에 모이신 많은 분들 감사드립니다. 그리고 지역사회학교 운영에 도움을 드리고자 유성종 교육감님, 후원회 김종서 상임부회장님, 주성민 총무님께서 자리를 함께 하시고 계십니다. 오늘 이 연수회를 통해, 충주·중원 지역에 지역사회학교운동의 바람이 세차게 불어 충북 지역 곳곳에까지 번지게 되길 바랍니다.

■ 특강 : 지역사회교육운동과 좋은학교 만들기

김종서 (한국지역사회교육후원회 상임부회장)

> 장래생활의 준비를 위해서 필요한 것이 무엇인지를
> 내다보아서 그것을 어렸을때부터 준비시키는 것이
> 바로 지역사회학교 개념 중의 하나이며,
> 또 하나는 생활중심입니다.

　장래 생활의 준비를 위해서 필요한 것이 무엇인지를 내다보아서 그것을 어렸을 때부터 준비시키는 것이 바로 지역사회학교 개념 중의 하나이며, 또 하나는 생활 중심입니다. 충주사범학교에서 56년까지 있었습니다. 제 생애에 사범학교 선생이 없었다면 교육자의 보람이 없었을 것입니다. 그렇게 여기에서 재미있고 보람 있게 살았습니다.

　지역사회학교가 왜 필요하느냐? 오늘날의 학교는 크게 3가지 형태로 나눌 수 있습니다. 지식 중심의 학교, 아동 중심의 학교, 지역사회학교입니다. 어떤 사람은 지역사회학교는 이미 옛날 교육 과정이 아니냐? 최근에는 학문 중심 교육 과정이 아니냐? 이렇게 말씀하시는 분이 계시리라 생각됩니다만, 학문 중심 교육 과정이란 학교의 나아갈 한 면이요, 학교가 나갈 방향이 아닙니다. 그러므로 이 세 가지는 혼재되어 있습니다.

오늘 충주·중원 지역사회학교 연수회 주제가 '지역사회학교운동과 좋은 학교 만들기'입니다. 그런데 이 세 가지 형태의 학교 중 가장 좋은 학교가 지역사회학교라는 것을 말씀드리려 하는 것입니다. 하나하나 말씀드리면, 지식 중심의 학교는 동기가 지배층을 위한 교육의 필요, 인간의 인격의 수식으로 원시시대에 학교가 없었을 때의 교육의 도습은 가정과 사회에서 어린이들이 어른들의 생활에 직접 참여하여 그들이 지닌 사상, 습관, 지식, 기술, 가치관을 배워 나갔습니다.

그러다가 지배층의 한가한 어린이를 모아서 인격을 수식하기 위한 인물 교과 과정을 가르치기 위해서 학교가 발생하게 되었습니다. 그런데 이 시기에 있어서 어린이는 어른을 줄인 것이라고 보았으며, 장래 훌륭한 사람이 되기 위해서 참고 희생하면서 여러 가지를 배워 나가던 것이 지식 중심 학교의 모습이었습니다. 교육과정은 교과서가 제일이었는데, 이러한 생각이 오늘날까지 내려오는 가장 강한 모습인 지식 중심의 학교입니다.

그러다 1930년대부터 학교의 모습이 달라지기 시작했습니다. 교육이 대중화되고, 아동기·청년기의 탄생, 심리학, 교육학의 발달이 이루어졌습니다. 어린이의 흥미와 자유를 존중하여 어린이 나름대로 행복하게 살아야 하며, 어른의 장래를 위해 어린이를 희생시키지 말자고 하는 것이 아동 중심의 교육 관점입니다.

1940년도부터 학교의 모습이 또 달라지기 시작했는데 그것이 지역사회학교입니다. 지역사회학교에서는 어린이를 성장하는 아동으로 봅니다. 성장하는 아동의 개념은 어린이의 흥미를 존중하는 동시에 인간으로서 반드시 지켜야 할 기본적인 내용은 연령에 관계없이 항상 가르쳐야 되는 것입니다. 장래 생활의 준비를 위해서 필요한 것이 무엇인지를 내다보아서 그것을 어렸을 때부터 준비시키는 것이 바로 지역사회학교 개념 중의 하나이며, 또 하나는 생활 중심인데 개인적으로, 인간관계, 경제적인 능력 면, 국민적인 책임 면에서 잘사는 것을 바로 교육에서 해야 될 일이라고 생각합니다.

자아실현은 철저한 인간 존엄의 철학에 기반을 두면서 개인이 지니고 있는 능력을 최대한도로 발전시키는 것으로 학생 시절에 발휘가 안 될 것 같으면 어른들의 성인 교육을 실시해서라도 능력을 발전시켜야 합니다. 지역사회학교는 좋은 학교 만들기입니다.

사회관계를 보면, 학교의 사회화, 사회의 교육화, 지역사회의 개선 활동입니다. 첫째, 학교의 사회화를 해야 한다는 것이 지역사회학교의 필요성이면서 오늘날에 부가된 것으로 사회 중심 교육 과정, 지역사회, 자원 이용, 학교 환경의 사회화, 사회 변화의 대처, 지역사회와 서로 돕는 학교를 말합니다.

사회 중심 교육과정이란 충주·중원 사회 중심 교육과정을 생각해 보면, 교과서는 물론 교육 방향이 충주·중원 사람이 고향을 사랑할 줄 아는 교육을 해야 하는 것입니다. 지역사회 자원 이용은 여기 모이신 회장님께서 자원을 가지신 분이 많으시리라 생각합니다. 지역사회 내에 있는 이러한 고급 인적 자원을 최대로 학교에서 활용하여야 합니다.

그리고 학교 환경의 사회화란 가치롭고 정성된 사회 환경을 학교에 가져

▲충주·중원 지역사회학교 연수회

와서 사회와 빈틈없는 교섭을 가질 수 있도록 하는 교육의 방향입니다. 그렇게 되면 학교의 우등생이 사회의 우등생이 되지 않겠느냐는 것입니다. 또한 무섭게 변화하는 사회에 학교가 대처하는 것이 바로 지역사회학교입니다.

둘째, 사회의 교육화를 위한 노력이 필요하다는 것으로 지역사회 교육 환경 개선, 국민의 교사화, 사회 교육의 실시, 학교 시설 설비의 이용을 내세웠습니다. 지역사회 교육 환경 개선으로 교육적인 학교 환경을 만들어야 하는데, 특히 어머님들이 만들어야 합니다.

환경 중에서도 요즘 TV가 가장 문제가 되는데 시청률을 높이기 위해서 성과 폭력을 자극하고 있습니다. 이것을 국민들이 통제해야 하며, 특히 어머니들이 TV 교육 모니터가 되어 고치도록 해야 합니다.

국민의 교사화가 되어야 하는데, 국민 전체가, 충주·중원 사람 전체가 교사가 되어야 했다는 생각에 의해서 비로소 청소년들을 올바르게 지도할 수가 있습니다. 그리고 오늘날 지식이 폭발적으로 증가하고 있습니다. 여러

분들, 국민학교 5학년 시험 보면 몇 점 맞을 것 같아요? 다 잊어버렸어요. 아이들, 남편들이 무시해요. 지금은 그런 때가 아닙니다. 공부를 안 하고는 살 수가 없어요.

학교의 도움을 받아서, 회장님들이 학교 시설 설비를 최대로 이용하여 지역사회학교 운영을 해나가시길 바랍니다.

■ 특강: 지역사회교육운동의 자발적 참여

유성종 (충청북도 교육위원회 교육감)

여러 선생님들, 어머님들 반갑습니다. 우리나라의 지역사회학교운동은 발상지인 미국, 구라파 쪽보다는 늦었지만 일찍이 도입되어 다른 어떤 운동은 시기에 따라서 생겼다 없어졌다 했지만, 지역사회학교운동만큼은 가장 생명력이 길게 때로는 정치적으로 묻혀 지내오면서 오늘날까지 이렇게 이어지고 있다는 것은 진정코 참다운 교육운동이기 때문입니다.

그리고 한국 교육계에서 가장 존경받으실 만한 김종서 박사님이 이 운동을 하고 계신다는 것을 높이 찬양할 만할뿐더러 더욱 발전하리라고 봅니다.

제가 듣기로는 KBS, MBC가 주최하는 각종 사회교육 프로그램이 겨우 20만도 안 되는 충주 지역에서 더 잘 이루어지고 있다고 합니다. 이것은 상당히 중요한 일입니다. 충주에서 이처럼 사회교육 프로그램이 어느 지역보다 가장 발전적으로 이루어지고 있는 것은 여기에 모이신 어머니회 여러분들의 깊은 참여가 아닌가 생각합니다.

여러분! 또 하나의 교육의 참여, 또 하나의 교육계획의 지향, 그리고 이 운동은 결코 남이 하는 것이 아니라 여러분 스스로 자진해서 참여해야 하는 것입니다. 김종서 박사님의 저 높으신 덕망과 학식, 또한 지역사회학교운동에 노후를 몸 바치겠다는 정열과 교육문제에 있어서 가장 앞서가는 충주의 분위기가 지역사회학교운동의 발전을 가져오리라 생각합니다. 오늘 이 연수회를 높이 찬양하며 저도 함께 참여하려고 합니다. 오늘 이 프로그램을 여러분 것으로 만들어 커다랗게 발전하시길 빕니다.

■ 특강 : 지역사회교육운동의 필요성과 교육자치

황종건 (한국지역사회교육후원회 이사 / 명지대 교수)

1990년 7월 11일에 있었던 충주시, 중원군 세미나 주제강의를 요약한 것이다.

그러면 교육자치란 무엇이냐? 민주주의의 기본 원리는 인간의 존엄성이며, 자치라고 하는 것은 민주주의의 기본형대로 자기 문제를 스스로 처리하는 것을 말합니다. 그러므로 교육자치는 교육의 문제를 자기 스스로 해결하는 것입니다.

저는 오래되었지만 충주에 가까운 관계가 있습니다. 오래 전에 중앙교육연구소에서 연구생활을 한 적이 있었는데 그때 제가 한 연구 지역사회 연구였습니다. 지역사회 변화가 어떻게 교육에 영향을 미치고 교육이 지역사회 변화에 어떻게 적응하느냐? 그런 테마를 가지고 현장 연구를 시작했는데 그 장소가 바로 충주입니다. 그러한 입장에 있는 사람이 새로운 관점에서 우리 지역사회 학교를 어떻게 생각하고 어떻게 발전시킬 것이냐? 하는 것을 지역사회적인, 국가사회적인 관련 속에서 한번 생각해 보려고 합니다.

우선 우리가 교육의 문제, 지역사회의 문제, 민주주의의 문제를 다루기 전에 제일 중요한 것부터 찾고 교육을 어떻게 해야 하느냐를 따져야 합니다. 제일 중요한 것은 인간의 주체성, 존엄성을 찾는 것이 모든 것의 출발입니다.

존 듀이가 얘기한 대로 근본적인 교육의 진리는 인간 개개인의 바람직한 성장 과정 전체를 말합니다. 성장은 아이가 태어나면서 시작되는 겁니다. 특히 저는 아이가 태어나기 전 모체에서부터 시작된다고 봅니다. 그 성장의 주체인 개인 개인에게 지식만 넣어주는 것이 아니라 모든 것을 종합적으로 성장시켜 주어야 합니다. 이러한 훌륭한 인간과 사회를 가꾸는 데 학교만 담당해서는 안 됩니다.

학생들의 비행이라든지 모든 문제를 학교에서 가르쳐준 겁니까?

전부 지역사회 권세구조와 분위기와 문화에서 배워진 겁니다. 어떻게 하면 나 개인의 생활을 안심하고 행복하게 살 수 있는 동시에 사회 전체를 평화스러운 사회, 협동하는 사회로 만들 수 있느냐?

그것이 바로 지역사회 교육운동의 기본 취지이고 방향입니다.

과거의 교육방법은 위대한 지도자가 있어서 끌고 가는 대로 끌려가는 것이 바람직한 교육이었지만, 이제 민주주의 사회에 있어서의 교육방법은 누구나 다 성장의 가능성이 있는 사람들이기 때문에 성장의 계획을, 운명을,

성장의 논리와 과정을 스스로에게 맡기는 그러한 교육자치가 중요합니다. 그것이 뭐냐면 자기학습입니다.

그러면 학교의 주인이 누구냐? 교장선생님은 전문가로서 학교에 모셔온 분이고 학교 관리자입니다. 또한 학교 주인을 아동으로 보는데 그것도 편협된 생각입니다. 학교가 생겨난 이유를 생각해야 하는데 학교는 바로 지역사회의 필요에 의해 생겨난 겁니다. 충주 목행 지역을 보면 공장이 생기니까 인구가 늘어났어요. 아울러 자녀들도 늘어났어요. 그래서 큰 학교를 만들었습니다. 이와 같이 지역사회의 어떤 필요에 의해서, 주민들이 낸 세금에 의해서 그 지역사회 안에 세워지는 겁니다. 그러므로 학교는 그 지역 주민 전체의 문화적인, 교육적인 발전을 위해 기능을 발휘해야 하기 때문에 앞으로 학교는 지역사회학교로 되어야 합니다.

이제는 맹자 어머니와 같이 좋은 지역사회를 찾아 이사 다니기보다는 우리가 살고 있는 지역사회에 주인의식을 재확인하고 보다 안심하고 평화롭게 살아갈 수 있는 지역사회를 더 적극적으로 만들 것이냐? 하는 생각을 가지고 지역사회 교육운동에 입회해 주시기 바랍니다.

■ 참가 소감 1
학교가 활동의 장이 되고 주민이 주인이 되어

김천종 (중주교현국 지역사회학교 교감)

어제의 배움을 오늘에 익히고 내일 다시 새롭게 실천을 기약하는 새이웃들의 만남이라 기다려지던 하루였다. 오늘 참석한 연수회의 모임도 지역사회학교 운영의 프로그램을 실행하는 과정으로 이색적인 낯선 얼굴들이 예비소집의 신입생인 양 접수부 서명과 함께 새이웃 명패를 가슴에 붙이고 노래와 환한 웃음 속에 한가족으로 '우리'가 되었다.

「지역사회학교 운동과 좋은 학교 만들기」로 주제 강연을 해주신 본 후원회 김종서 부회장님은 오직 이 활동에만 여생의 전력을 투구하신다고 하니, 선생님의 의지와 신념에 크게 감동되어 더욱 존경스러워짐은 지난날 맺어진 사은의 정만은 결코 아닐 것이며, 변함없으신 명강의는 제한된 시간의 흐름이 안타깝고 아쉬울 뿐이었다.

「지역사회학교 운영과 프로그램의 실제 강의」를 듣는 순간들마다 또 한 번 필요성을 실감하게 되는데도 시작을 주저하고 '어려운 일, 안 될 것이다'라는 예상으로 실천에 결단성이 없는 것은 학교와 지역 주민의 공동 참여 의식이 부족된 탓일까? 사회 각계에서 이루어지고 있는 활동도 '우리 마을,

내 학교'라는 표제 아래 학교가 활동의 장이 되고, 주민이 주인이 되어 활동할 수 있도록 유도해야 되겠다고, '지금부터 더 잘해보자고…' 마음의 결심을 굳혔다.

■ 참가 소감 2
모두가 가르치고 모두가 배우는 사회의 장이 될수 있도록

김경원 (충주여중지역사회학교 어머니회장)

"지역사회교육"이라는 운동은 우리 충주시민으로서는 처음이며, 귀에 익지 않은 생소한 느낌을 가지고 있어 처음에는 어떻게 감당할 것인가에 대한 많은 걱정을 하게 되었다. 더우기 충주여중은 충주·중원 지역에서는 처음으로 '89년 3월에 정식 지역사회학교 어머니회로 발족하게 되었고, 운영회장이라는 책임을 가진 입장이 되고 보니 막막한 생각이 들던 것이 사실이다.

지난 '충주·중원 지역사회학교 연수회'가 우리 학교에서 처음 모임이 있었고, 고명하신 김종서 후원회 부회장님과 유성종 교육감님께서 함께 특별한 관심을 가지시고 참석을 해주신 데 대해 참석자들은 많은 격려를 받게 되었다. 학교에 자질구레한 뒷바라지에 치중했던 새마을 어머니회와는 다른 민간 운동의 주도체인 지역사회학교운동에 관한 〈To Touch A Child〉란 한 편의 영화가 많은 생각을 갖게 해주었고, 특히 주성민 총무님의 말씀 한마디 한마디를 주부들인 우리 회원들은 한 치의 흐트러짐 없이 귀담아 들으려는 태도에서 진지함을 엿볼 수 있었다.

모두가 참여하고 모두가 성장하는 사회를 이루는 데 "지역사회학교운동"이 등불이 되길 소망하며, 이 운동에 자그마나마 기여할 수 있도록 심혈을 기울여서 우리 학교 회원님들뿐만 아니라 주위의 다른 모든 이들이 참여할 수 있는 계기를 마련하여 모두가 가르치고 모두가 배우는 사회의 장이 될 수 있도록 노력할 것을 다짐해본다.

충주시 중원군 세미나의 효과는 놀라웠습니다. 김근세 회장님의 말씀대로 충주시 중원군 초중고등학교에 평생교육의 바람이 세차게 불었습니다. 진기두 추진위원장님을 중심으로 평생교육을 실천하는 지역사회학교가 20여개 학교가 되었습니다.

출처: 충북새이웃 3호 (1989. 6)

3.
제천시 · 제원군/청주시/단양군/음성군 지역사회교육운동 세미나

출처: 충북새이웃 4호 (1989. 8)

■ 지역사회학교운동은 왜 필요한가?

주성민 / 한국지역사회교육후원회 총무

토의 주제

1. 학교시설 개방의 문제점
2. 학교와 지역사회의 협력방안
3. 학교가 할수있는 사회교육 Program
4. 우리 지역사회의 문제점
5. 진정한 '새이웃 형성' Program

> "지역사회학교운동은 작은 운동에서 큰 운동으로, 작은 물결에서 큰 물결로 번지고 있다는 것에 긍지를 가지면서 펼쳐왔고, 최고의 실적보다는 최선의 과정을 중시한다는 정신에 근거하고 있는 것입니다."

김종서 선생님 시간에, 이제 강의를 듣는 것 보다는 서로 각자가 토의하거나 토론할 수 있는 시간이 중요하기 때문에 월례회를 운영하실 때에도 토의를 많이 해주십사 하는 부탁이 있었습니다. 오늘 이 시간에는 여러분이 주체자가 되어 토의를 하는 시간으로 진행해 볼까 합니다.

오늘 제천에 와서 두 가지가 감동적이었는데, 그 하나는 아까 비빔밥을 드셨잖아요? 이 운동이 시작되던 1968년에 뜻있는분 7명이 모여, 여러 메뉴가 있었음에도 꼭 비빔밥만 드시면서 회의를 준비했습니다. 그래서 제가 여쭈어보니까, 그중 한분이 "지역사회학교운동은 비빔밥같은 거야!" 덧붙여 설명하시는 것이 "비빔밥은 각각의 맛들이 섞여서 하나의 맛을 창출해내는 거라구!" 저는 그때부터 비빔밥을 풀기 시작했어요. 오늘 제천에서 처음으로 지역사회학교운동 모임을 가지면서 우리가 비빔밥을 먹고 출발했다는 것은 다시 20년전 서울로 돌아간것 같아 감회가 깊습니다. 또 하나는 여기 오다 보니까 현대 시멘트라는 아치를 세워 놓았어요. 이 운동은 미국의 지역사회학교운동을 소개하는 〈To Touch A Child〉라는 영화가 들어와 감동을 받은 사람끼리 모여서 시작한 것입니다. 그 영화를 본 많은 분들이 저 영화는 미국이니까 되지 우리나라 에서는 안된다고 부정적이었습니다. 그때 당시 서울에 화단을 만들어 놓으면 다음날 아침에 꽃이 다 없어졌으므로 교장선생님이 학교 문을 연다는 것은 너무나도 어려웠고 용단이 필요했습니다.

지금 후원회장이신 그때 당시 현대건설 정주영 사장께서 "나는 경제인의 입장에서 볼 때 학교가 8시간만 쓰고 16시간 잠자고 있다는 것은 아깝다고 생각합니다. 학교 개방이 그렇게 어렵다면 내가 단양에 시멘트 공장을 세웠는데 그 공장부터 개방하겠습니다."라는 말씀에 감동을 받아, 어렵지만 한 번 해 보자고 시작된 운동이 바로 지역사회학교운동입니다.

이처럼 지역사회학교운동은 한편의 영화로 출발하여 민간단체로, 자그마하고 힘없는 단체로 20년을 걸어 오면서 한 번도 좌절하지 않은 것은 자발적인 정신에 근거하기 때문이라고 생각합니다. 작은 운동에서 큰 운동으로, 작은 물결에서 큰 물결로 번지고 있다는 것에 긍지를 가지면서 펼쳐 왔고, 최고의 실적보다는 최선의 과정을 중시한다는 정신에 근거하고 있는 것입니다.

이제부터 "지역사회학교운동은 무엇이며, 왜 필요한가? "를 토의하겠습니다.

이 운동의 성격을 나름대로 5가지로 규정 해놓고 있는데 이 5가지를 근거로 토의를 진행하겠습니다.

첫째, 학교시설 개방 무엇이 문제인가? 이 운동의 가장 기본적인 개념은 학교시설 개방입니다. 학교를 학생들의 교육의 장에서부터 지역주민의 학습의 장으로 보다 폭넓게 활용하자는 것입니다.

> **발표** : 학교시설 개방의 가장 큰 문제는 시설 파괴입니다. 그것은 지역주민들이 학교시설을 내 것이 아닌 일회용 물건처럼 생각하는 주인의식의 결여가 문제이므로 주인의식을 불어 넣어 주어야 합니다.

둘째, 학교와 지역사회가 협력할 수 있는 방안은?
지역사회학교운동은 학교와 지역사회가 상호협력하는 관계를 만들어 주는 운동입니다.

> **발표** : 앞으로 행정가들은 지역사회와 학부모간의 유대강화가 될 수 있도록 시설을 해주시기 바라며, 학교에서는 지역사회에 봉사하기 위해 양로원 등을 찾아가 위로 봉사하고, 어머니들이 많은 도움을 주시는 것처럼 어머니교실을 비롯한 지역사회는 학교에 봉사해야 합니다.

셋째, 학교가 지역사회 주민의 장(場)으로 어떤 Program을 하면 좋을까? 이 운동은 지역주민의 사회교육의 장으로 활용되자는 운동입니다. 즉 평생교육의 장으로 학교에서 할 수 있는 Program으로는 어떤 것이 있을까?

발표 : 첫째는 어머니교실 운영으로 월례회시에 자녀교육 문제에 관한 의견교환 및 건강관리문제로 성인병에 관한 교양강좌를 운영하고, 요리·등공예 등 여가선용을 할 수 있는 취미교실운영과, 두번째는 노인교실운영으로 노인들의 건강교육문제, 취미활동으로 장기, 바둑, 독서 등에 관한 의견과 노인들의 생활경험을 토대로 아이들의 전통윤리 지도가 필요하다고 봅니다.

넷째. 우리 지역사회가 가지고 있는 문제점?

지역사회학교는 학교가 중심이 되어 그 지역이 가진 문제를 찾아내고, 지역민과 함께 해결해 나가는 운동입니다. 새마을운동이 교장선생님께서 문제 해결에 앞장 서시는 운동이었다면 지역사회학교운동은 지역민이 문제 해결의 주축이 되고, 교장선생님은 문제의 역할을 나누어 주거나 해결 방향을 제시해 주는 것이라고 볼 때 새마을 운동과는 다른 것입니다.

발표 : 문제점으로 주민들의 비협조, 아이들의 놀이터 부족, 주민 간의 만남의 기회부족, 불우아동이 많으며, 교육환경 정화입니다. 그 해결방안은 아동교육의 중요성을 인식시키고, 운동장을 개방하고, 지역민의 만남의 광장을 마련해주고, 불우아동 돕기에 힘쓰며, 지역민 모두가 환경정화에 앞장서야 한다고 봅니다.

다섯째 : 학교가 어떻게 진정한 새이웃을 만들어 줄 수 있는가?

이 운동은 '새이웃 형성 운동' 입니다. 지금 토의는 마지막 Goal로 이것을 위해 지역사회학교운동을 하는지도 모르겠습니다. 바꾸어 말하면, 공동체형성 운동이고, 더 가깝게는 이웃 넓히기고, 친구 넓히기입니다.

발표 : 여러분이 지금 만난 것처럼 우선 학교에서 어머니들이 만날 수 있도록 만남의 광장을 만들어서 서로 대화를 하면 좋겠습니다. 바로 지역사회학교운동의 최후의 목표는 이렇게 새이웃이 되는 운동입니다. 지금까지 발표해 주신 모든 분들과 사회를 맡아주신 분들께 박수를 쳐 주시기 바랍니다. 감사합니다.

■ 청주시교육청 주최, 지역사회교육운동 연수 개최

1991년 1월 16일 청주시교육청 주최로 충북협의회와 협력하여 청주시

초·중 교장, 교감, 담당교사, 장학사 총 100명이 참석한 가운데 지역사회학교 운영을 위한 연수를 개최하였습니다.

충북협의회 주최로 교육청과 협력하여 이루어졌던 연수 및 세미나 형태가 아니라 협력을 요청해왔습니다.

이날 중앙협의회 김종서 상임부회장은 '지역사회학교의 필요와 실천과제'란 주제 강의를 통해 학교 발전, 주민 성장, 지역사회 발전을 위해서는 지역사회학교 운영이 반드시 필요함을 강조하여 참가자들에게 본 운동의 이념을 깊이 인식시켜 주었습니다.

이어 음성 대소국교와 청주 흥덕국교의 활동 사례를 소개해주어 운영의 실제를 돕기도 하였다. 특히 청주시 양긍연 교육장은 지역사회학교 운영을 특색사업으로 계획하고 있어 청주의 지역사회교육운동 전개가 활발해지고 있습니다.

■ 단양군 세미나

- 일시: 1994년 6월 14일
- 장소: 매포국강당
- 참석: 단양군 초중고교장, 교사, 어머니회임원 170명

충북협의회는 1994년 6월 14일 단양군 초·중·고교장, 교사, 어머니회 임원 170명이 참석한 가운데 매포국강당에서 단양군 세미나를 개최하였다. 이날 이부영 교육장의 격려사가 있었으며, 주성민 부회장께서 강의를 해주어 본 운동의 활성화에 큰 힘이 되었다.

■ **음성군 세미나**

충북협의회는 1994년 5월 9일 음성군 초중고 운영회원 122명이 참석한 가운데 음성군 지역사회교육 학교어머니회 연찬회를 개최하였다. 김종서 회장님과 주성민 부회장께서 강의를 해주어 평생교육 프로그램을 개발하고 운영하는데 큰 도움이 되었다.

4. 충북지역사회교육운동 이념 보급 및 대상별 평생교육 실천 역량 강화 연수 활성화

■ 충북교육위원회 유성종 교육감님의 적극적인 지원

1985년 3월 충북지역사회학교협의회가 발족한 이후 초중등학교에 평생교육을 실천할 수 있도록 지역사회교육운동 이념을 보급해 온 것을 알 수 있습니다.

유급 실무자가 채용(1987년 11월)되기 이전에는 조직력이 부족하여 권역별 추진에는 어려움이 있기 때문에 충북 단위로 이념 보급 연수 및 세미나 개최에 역점을 두었던 것을 알 수 있습니다.

조직력이 미흡한 상황에서 충북교육위원회(현 충북교육청) 유성종 교육감님의 평생교육 철학과 지원이 충북 지역사회학교 활성화에 많은 영향을 주었습니다.

■ 충북 지역사회학교 연구 집회

충북협의회가 발족한 다음해인 1986년 1월 23일 충북교육위원회 회의실에서 도내 교장·장학사 등 회원 70여명이 모여 연구집회를 가졌던 것을 알 수 있습니다. 유성종 교육감님의 지역사회학교에 대한 강의와 김종서 교수님의 특강 '평생교육과 지역사회학교'이 있은 후 지역사회학교의 효과적인 운영 방안에 대한 열띤 협의가 이루어졌습니다.

■ 충북 단위 지역사회학교 워크숍

1986년 8월 7일~8일 충북 괴산군 화양동 자연학습원에서는 충청북도 단위 지역사회학교 웍샵이 실시되었습니다. 60명의 회원이 참석한 이번 웍샵은 작년의 이념 보급 프로그램에 이어 실습과 토의를 위주로 이루어졌습니다.

출처: 새이웃 통권 182호(1987년 9월호)

■ 충북 지역사회학교 교감·교사 연수회 개최하다

　충북협의회는 1987년 8월 10일 청주 주성국민학교 강당에서 충북의 지역사회학교 교감·교사 100여명이 참석한 가운데 연수회를 실시 하였습니다. 유성종 충북교육감의 특강으로 시작된 이번 연수회를 통하여 개념의 상태에 머물러 있던 지역사회학교가 실천의 발동이 걸리는 계기가 되었습니다. 다음은 특강 내용과 참가자 소감문을 게재한 것이다.

1) 특강 – 자기교육을 위한 평생교육

유성종 (충청북도 교육위원회 교육감)

이젠 온전히 인간 개개인의 자기 교육을 위한
평생교육 내지는 이 지역사회학교 운동쪽으로
우리가 생각을 돌릴 필요가 있다.

여러 선생님들 반갑습니다. 존경하는 오재경 선생님께서 참석하시리라고는 생각도 못했고, 이자리에서 이야기를 하게되니 기쁘기도 하고 민망하기도 합니다.

저에게 한 30분 시간이 주어져 있는데 제가 여러분들께 이 지역사회학교 운동을 하시는 실제에 있어서 한 두서너가지 제안을 하고 싶습니다.

그것은 무엇이냐 하면 한국이 다 그런지는 모르지만 충청북도 안에서는 이 지역사회학교운동이 한 3년전에 제가 수안보 유스호스텔 모임에서 비슷한 제안을 한 적이 있지만은 아직도 개념 규정의 단계에 있고, 크게 발전적인 하나의 방약들을 적용하는데 문제가 많지 않나 생각됩니다. 외국은 어떤데 우리는 거기에 미치 지 못한다는 적도 있고, 또한 최근 평생교육의 요구나 특히 그 속에서 학습상에 미래의 학습 분야를 얘기하는 것으로 보나 많은 과제로서 우리에게 주어졌다는 이야기입니다.

1930년대 미국에서 처음 Community School 운동이 일어났는데 최근 미국에서 또 New Community School 운동이 일어났고, 영국에서는 우리가 지역사회학교운동을 생각하는 것과는 또 다른 각도에서 이런 문제를 보고 있는것 같습니다.

그러면서 재미있는 것은 일본 북해도 어느 현의 부서 속에 우리말로 번역하면「보람있는 삶」이라는 과가 신설되어 「보람있는 삶」이란 것이 무엇이냐 어떤 행정기관 부서속에 그와 같은 이상한 과가 있는가 우리로서는 미상불, 커다란 의문을 가지고 보게 됩니다.

그곳에서 하는 일은 노인들의 생활에 관련된 것을 보살펴 주는 사무를 담당했고, 일본에서는 이것이 바로「삶의 보람」에 관한 일을 보살펴 주는 곳이라는 겁니다. 우리나라 사회과나 복지과 같은 곳에서 하는 일이겠습니다. 그것이 전일본에서도 유명하게 되고 어떤 학자는 이름이 희한해서 찾아보니 그런곳이더라, 자유국가가 되다보니 그런 희한한 행정부서가 생기는 모양입니다. 이 이야기는 Life Long Education 즉 평생교육을 생각해 왔는데 그런쪽으로 생각해보면 Life Long이 아니라 노인 양반들 오래사는 삶을 보람되게 하는 것이라니까 Long Life Education쪽으로 생각할 수 있으니 학교적인 교육이 아니라 학교후의 교육에 중점을 두는 개념으로 볼 수 있습니다.

지금까지 지역사회학교가 「새마을」이라는 것에 눌려서 지역사회학교란 말조차 한때 써 보지도 못했지만 우리가 진정한 의미에서 프로그램을 생각해보면 이제는 외국이 어떻게 했건 과거가 어떠했던 참다운 의미의 지역사회학교 방약을 거듭 거듭 되생각해야 할 때가 아닌가 생각합니다.

그리고 옛날에 지역사회학교가 국가건설이라는 것, 또 그것이 새마을운동이 그러했듯이 경제적인 어떤 후진국 탈피를 위해서 노력했던 그런쪽으로 이해했던 평생교육도 아니고, 완전히 인간적인 측면에서의 자기 교육을 위한 평생교육을 해야한다는 쪽으로 조금 앞서서 생각한다면 필경 지역사회학교운동도 그런쪽으로 프로그램을 해야할 것이 아닌가 생각되며 이제는 학교에서 베풀어서 주는 지역사회학교 만이 아니라 지역사회의 학부모가 다 함께 생각하는 그래서 같이 싣고 프로그램도 같이 짜는, 이것을 교육의 계획속에서 생각한다면 학교의 시설 문제 조차도 하나의 지역사회학교의 단위를 가지고 지역사회학교라는 뜻과 목표를 가지고 만들어져야 하지 않겠느냐 생각되는 바입니다.

예컨데 여기 주성국민학교 신축강당에서 오늘모임을 갖고 있습니다만, 저한테는 강당을 지어달라고 각 고장마다 아우성입니다. 저는 일단은 도시의 2부제 수업도 해결 못하는데, 또한 면·군소재지 몇몇 학교를 제외하고는 상당수 교실이 남아 돌아가는데도 강당을 지어달라는 것이며, 「강당이 00에 있는데 왜 그걸 지어달라는 겁니까?」하면 「우리는 행사를 하는데 졸업식도 운동장에서 하고…」 「졸업식을 위해 강당을 짓습니까? 바로 이웃 학교에 강당이 있는데, 좀 빌려 쓰면 되지 않습니까?」 「그게 그학교 강당이지 우리학교 강당입니까?」

그 학교 강당이 어디에 있고 우리 학교 강당이 어디 있느냐라는 상당히 쉽고도 어려운 해석이 우리를 어렵게 만들고 있읍니다. 그래서 이 강당이라고 하는 시설 하나 조차도 이것은 지역사회 시설이라는 것으로 생각을 돌릴 수만 있다면 이 강당의 문이라고 하는 것은 참으로 지역사회 사람들을 위해서 늘 개방되어야 되고 또 그렇게 활용되고 그 장이 주어질 때 거기에 따르는 프로그램의 가능성도 훨씬 높아지는 건데 사실상 우리는 아직도 이렇게 원천적인 문제 조차도 해결을 못하고 있는 형편입니다.

그런데 하물며 과거 새마을 교육에서 했듯이 일방적으로 프로그램을 짜서 어떤 새마을 교육의 성과나 올리고 그 장부에 기사거리나 만드는 정도의 내용 가지고 참다운 지역사회학교를 할 수 있겠읍니까? 이제 우리 형편은 여러가지로 그만큼의 구식적인 수준에서 자율화를 외치고 있을 뿐만 아니라 우리 스스로도 지양을 해야한다고 할때 얼마 만큼 학교가 지역사회에 모든 방면에서 문호를 개방하고 교권이라는 입장에서 폐쇄하는 것이 아니라 오히려 문을 열고 학교 운영이나 교육계획 문제 조차도 지역사회하고 협의하고, 그들의 욕구를 받아들이고, 그 요구에 따라서 운영을 해가는 방법에 거기에 학교 전, 학교 외, 학교후 교육까지를 다 포함하여 사회와 학부모의 욕구·요구 그리고 그 장래의 지향까지를 다 아울르는 그런 지역사회학교의 개념 규정이 필요할 것입니다.

지금까지 드린 말씀 속에 몇가지 여러분들한테 드린 그 시사가 있었다면은 앞으로 구호로만 외치는 평생교육 그리고 평생교육은 한 사람 한 사람의 개인적인 문제일 수도 있고 지역 전체의 문제일 수도 있고 국가 전체의 문제일 수도 있습니다. 그러나 그것의 기본적인 시점은 옛날에 국가가 요구하고 그리고 공권력의 강요로 갈파한 그런 정도가 아니라 이젠 온전히 인간 개개인의 자기 교육을 위한 평생교육 내지는 이 지역사회학교 운동쪽으로 우리가 생각을 돌릴 필요가 있다. 이런 것도 제가 여기서 한가지 말씀에 얻고 싶은 뜻입니다.

　이렇게만 해 나간다면 여러분이 지금 생각하고 계시는 소위 1965년 이후 유네스코에서 제창한 평생교육, 1972년 이후 다시 유네스코에서 얘기한 미래학습속의 학습사회, 그러면 학습사회가 된다라고 보고 그것이 모든 인류에게 골고루 교육의 기회도 균등하게 주어져야 되지만 반드시 학교교육 12년 내지 16년 그리고 18년이튼 정도에 국한되는 교육이 아니고 그 앞뒤 그리고 학교 밖에까지 모든 교육을 아우르는 그런 우리들의 새로운 교육의 개념을 가져야 할 것입니다. 이지 다음 일정에 쫓기어 이런 정도로 줄여야 하겠는데 모쪼록 여러분들이 새로운 교육의 영역, 그리그 새로운 교육의 방법, 그런 것들에 대한 봉사를 정성되게 구상하시고 추진해 나가시는데 큰 보람이 있기를 바라며 지역사회학교운동이 교육지방자치제 실시에 실질적인 기반이 될 것으로 믿으며, 여러분의 봉사적인 노력에 영광 있기를 빕니다.

2) 충북 지역사회학교 교감·교사 연수회 - 참가소감
- 평생교육 실천의 계기가 된 연수

김성환 (청주남성국민학교 교감)

충북협의회는 1987년 8월 10일 청주 주성국민학교 강당에서 충북의 지역사회학교 교감·교사 100여명이 참석한 가운데 연수회를 실시하였다.

유성종 충북교육감의 특강으로 시작된 이번 연수회를 통하여 개념의 상태에 머물러 있던 지역사회학교가 실천의 발동이 걸리는 계기가 되었다.

과거의 지역사회학교에 대한 개념

교육의 사회화의 입장에서 교육이란 '교육의 사회적 성장과정', 즉 경제성장을 뒷받침할 정신 개발이고 지역사회학교의 상호협력 체제강화 등을 말하는 것이라 하겠다. 따라서 지역사회학교에서는 '지역사회의 필요와 문제가 무엇인가'를 연구하고, 지역사회가 당면한 문제를 직접적으로 교육의 사회적 적합성 제고를 위하여 연구하고 제공하는 것으로 일반 상식선의 추상적인 사고 개념만을 갖고 있었던 것이 현실이었다.

돌이켜 보면 1961년에 있었던 향토 학교에 의한 지역사회학교 건설에 많은 노력을 했으나, 잘못 이해되어 학교들로 하여금 퇴비 증산, 고리채 신고 등의 본연의 목적에 어긋나는 일들을 하기도 하였다.

1970년에는 '온마을 학교'라 불리어지다 1972년부터는 '새마을 교육'으로 바뀌어 오늘에 이르고 있으나, 진정한 지역사회학교로서의 구실과 역할을 못하고 있는 것이 현실이라 하겠다.

앞으로의 지역사회학교 지향

1987년 8월 10일 청주 주성국민학교에서 한국지역사회학교 충북협의회 주최로 개최된 교감·교사 연수회에 참석함으로써, 오재경 실행이사장님과 서울대학교 김종서 교수님의 말씀은 지역사회학교의 목적과 실천 방법 등을 구체적으로 예를 들어 강의하여 주어 앞으로의 방향에 실질적인 도움을 주었으며, 주성민 총무님의 상세하고 친절한 지역사회학교 운영에 대한 안내는 앞으로 일선학교에서 운영하는 데 뚜렷한 지향점을 시사받을 수 있고 실질적 도움을 받을 수 있는 유익한 기회라고 생각된다.

인구 집중 현상으로 인해 교실난을 겪고 있는 청주시의 여건하에서도 전 지역 주민을 대상으로 각기 다양한 프로그램을 조직하여 민주시민을 양성하는 데 일익을 담당해야 하겠다는 다짐과 그 구체적 실천계획의 수립을 위해 관계 인사들과 협의 중에 있다.

공휴일과 방과 후 여유 있는 시간을 이용하여 최대한으로 시설을 활용하기 위해 현재 조직되어 있는 노인교실, 학교 새마을어머니회, 동창회, 체육진흥 후원회 등의 기성조직을 좀 더 많은 인원이 참여하고 활동함으로써 평생교육의 차원에서 선구적인 역할을 다하는 지역사회센터로서 구실을 다할 수 있도록 연구와 노력을 총동원하여 운영하고 추진해 나가자 생각하고 있다.

이제까지 매월 1회씩 정기적으로 모임을 가져온 새마을어머니회와 노인교실을 통해 부모교육, 경로효친교육, 취미활동으로서 꽃꽂이, 분재 만들기, 붓글씨, 수예 및 건강교육 등 많은 외래 강사를 초빙하여 활발히 전개해왔다.

이제 소수 참석자들에 국한된 활동에서 더 좀 발전하여 지역주민 다수에게 확산되는 내용으로 조직적이고 체계적인 활동을 구상하여 실천되어야 하겠다.

짧은 하루 일정의 연수기간이지만 지역사회학교의 목적과 실행 요강을 터득하는 데 참으로 유익한 내용이었다. 이번 연수가 전 도내 학교로 확산되어 충실한 지역사회학교 운영이 될 수 있는 좋은 계기가 되었으면 한다.

제2장

초중등학교가 중심이 되어
평생교육을 실천 전략 수립

1.
75개교가 지역사회학교 현판을 달고 본격적으로 평생교육 운영에 돌입하다

충주여중 지역사회학교 현판식 – 평생학교 운영 다짐 현판식
(유성종 교육감, 김종서 중앙회장, 어머니회장, 진기두 교장, 김근세 충북회장,
주성민 상임이사)

지역사회학교가 되기 위해서는 몇 가지 단계를 거쳐야 한다. 준비단계를 통해 임원을 선출하고 임원들의 역할을 효과적으로 하기 위해 협의회에서 발족 지도를 실시한다. 이를 토대로 정관, 회원모집 방안, 임원선출, 사업계획, 예산, 회비 등에 관한 자료를 마련하고 발족총회를 갖는다.

발족 총회후 시·도협의회의 도움을 받아 후원회에 등록하고 단체회원증을 받음과 동시에 현판식을 갖고 지역사회학교로서의 활동이 시작된다.

> 출처: 한국지역사회교육중앙협의회(1992) 한국지역사회교육운동 20년 1969~1989.

■ 단위 지역사회학교 현판식 및 운영 회원 교육

충북협의회는 평생교육 실천 의지를 갖고 가입한 지역사회학교에 학교와 지역사회가 어깨동무하고 있는 그림이 들어가 있는 현판을 달아주는 현판식을 합니다.

현판식을 하고 난 후 지역사회학교를 운영하게 되는 운영회 임원, 회원 교육이 이루어집니다.

- 김영옥 간사의 진행으로 교군 및 현관에서 현판식
- 지역사회학교 교장, 운영회, 교육청 관계자 참석
- 본 운동의 이해를 돕고자 영화 '지역사회학교 탄생'을 상영
- 김근세 협의회장이 '지역사회학교 운영'에 대해 강의
- 중앙 지원 : 김종서 중앙 상임부회장, 주성민 상임 이사 특강 등

위와 같은 일정으로 평생교육을 실천하는 지역사회학교로 문을 여는 데 도움을 주었다.

75개 학교 중 몇 개 학교를 소개합니다. 새이웃에 게재된 기사 작성은

각 지역사회학교 홍보위원장이 담당하였습니다.

1) 중원 주덕국

1990년 10월 25일 55명의 운영회 임원, 교직원, 추진회 임원, 협의회장이 참석한 가운데 현판식을 가졌다. 이어 테니스장 개장식이 있었는데 테니스장이 회원들의 건강 증진을 위해 최대한 활용될 수 있도록 테니스반을 조직하여 매일 오전 중에 운영할 계획이라고 한다.

2) 진천 삼수국

봉원기 교장의 인사말씀과 진천교육청 서병억 학무과장의 격려사, "밝은 지역사회 활기찬 학교" 영화 상영과 프로그램 소개는 운영회 일감을 찾아보는 계기가 될 수 있었다. (이한자 홍보위원장)

3) 신니중

6월 17일 오후 2시 신니중 현관에서 교직원과 임원 15명이 참석한 가운데 현판식을 가졌다. 임원들과 교직원 간에 학교 실정과 운영회 역할에 관한 정보 교환의 자리가 되었다. (서충녀 홍보위원장)

4) 증평여중

6월 19일 오후 2시 증평여중 현관에서 교직원과 회원 50명이 참석한 가운데 현판식을 가졌는데, 이날 괴산교육청 장병은 교육장이 참석하여 격려를 해주기도 하였다. 현판식을 마친 후 권현중 교장의 인사말씀과 김근세 협의회장의 지역사회학교 운영에 대한 말씀이 있었다. (이향우 홍보위원장)

5) 괴산 청천국

7월 2일 오후 2시 청천국 교문에서 회원 75명이 참석한 가운데 현판식을 가진 후 컴퓨터실에서 운영호원 교육이 있었다. 이날 농사일로 바쁜 상황속에서도 많은 회원들이 참석하였음을 물론 괴산군에서 처음으로 지역사회학교로 문을 열었기 때문에 활동이 크게 주목된다.

6) 중원 수안보국, 영동국, 중원 용원국

9월 5일, 6일, 11일에 회원이 참가한 가운데 각각 현판식과 회원교육이 있었다. 수안보국교에서는 지난 시·군의원 선거일에 커피판매를 한 이익금으로 앞치마와 모자를 다련하여 모든 회원들에게 나누어 주는 흐뭇한 모습을 볼 수 있었다.

7) 진천 덕산중

1992년 4월 22일 오후, 회원 50명이 참석한 가운데 덕산중학교에서 지역사회학교 현판식을 가진 후 회원교육이 진행되었다. 이주원 교장의 인사말에 이어, 김근세 협의회장이 '지역사회교육운동의 필요와 과제'라는 주제로 강의를 하여 지역사회교육운동에 대한 이해를 도왔다. 이어 '밝은 지역사회 활기찬 학교' 비디오 상영과 협의회 간사의 프로그램 소개가 있었고,

이는 지역사회학교 운영에 실질적인 도움을 주었다. 본교는 도 지정 지역사회학교 시범학교로, 어머니교실은 물론 노인교실까지 운영하여 지역민이 학교 교육 활동에 직접 참여할 수 있도록 하여 효율적인 지역사회학교 운영을 꾀하고자 한다. (박금순 운영회장)

1993년 6월~7월 이루어진 현판식
- 6월 14일 단양 매포국
- 6월 29일에는 진천여중
- 7월 2일 중원중학교

학교를 평생교육의 장으로 만드는 일을 몇 해 동안 하다 보니 1990년대 초 75개 초중등학교에 지역사회학교 현판을 달아주게 되었습니다.

이렇게 학교가 지역사회학교(평생교육 학교)가 되기까지는 단계가 있습니다. 평생교육 학교를 만들어 가는 전략이라고 할까요?

충주시 중원군 추진위원장인 진기두 부회장님은 전근가시는 학교마다 지역사회학교로 가입할 정도로 열성적이었습니다. 충주시 중원군의 초중등학교를 지역사회학교로 가장 많이 가입시키고, 가입한 학교들이 새이웃 작품 발표회, 새이웃 체육대회를 추진할 정도로 활성화시키셨습니다. 충주시 중원군 초중등학교들이 평생교육을 실천하는 학고로 만든 것이지요. 평생교육의 선구자적인 역할을 해주신 진기두 교장선생님께 지면으로나마 감사드립니다.

■ 충북 지역사회학교(평생교육학교) 육성 절차

첫 번째, 시군별로 각급 학교에 평생교육 이념을 보급하는 단계입니다.

이 단계에서는 시군별 초중고등학교가 지역사회학교의 필요성을 인식하고 실천 방법을 모색하는 세미나를 개최합니다. 대상은 지역사회학교를 만들어 가는데 핵심적인 역할을 할 수 있는 교장선생님, 교감선생님, 어머니회장과 임원, 담당교사들이었습니다. 세미나 내용은 평생교육 이론을 정립하고 토대를 만들어 온 학자와 전문가의 특강, 그리고 실천 사례를 듣고 어떻게 실천해야 되는지 실천 방법을 모색하는 토의, 참가자 간 관계를 형성해가는 아이스 브레이크 및 레크레이션 등 1~2일 코스로 이루어집니다.

현재는 몇 개 시군이 통합되다보니 충북의 기초지자체가 통 11개 시군이 되었지만 1980년대 후반~1990년대 초반 시·군이 분리되어 있었습니다. 그 당시에는 학교가 중심이 되어 평생교육을 추진했기 때문에 시군 교육청과 협력하여 청주시와 청원군, 충주시와 중원군, 제천시와 제원군, 영동군 등 지역사회학교운동 세미나를 개최하였습니다.

두 번째, 평생교육을 실천하는 지역사회학교가 운영 되기를 희망하는 학교를 신청받습니다.

세 번째 단계는 지역사회학교가 되고자 뜻을 밝힌 학교에 지역사회학교 현판을 달아주는 현판식을 합니다.

이날 학교와 지역사회 관계자, 지역사회교육협의회 중앙과 충북의 관계자가 함께 참여하여 현관이나 교문에 현판을 부착하는 현판식을 개최합니다. 평생교육을 실천하기 위한 다짐을 하는 의식입니다.

네 번째는 지역사회학교를 효과적으로 운영하기 위한 교육과 간담회를 진행합니다.

다섯 번째는 학부모 및 지역주민의 평생교육 요구에 맞는 프로그램을 운영하게 됩니다.

이처럼 지역사회학교 현판식을 하는 이유는 학생들만의 학교로 머무르는 것이 아니라 지역 주민의 평생 교육까지도 담당하는 지역사회학교가 되겠다는 그런 다짐을 알리는 것입니다. 학교는 지역사회 교문을 열고 드디어 평생교육 학교로 주민들을 받아들이겠다는 것입니다.

당시 광역 시도별 지역사회교육협의회 실무자인 간사가 1명씩이었기 때문에 혼자서 모든 실무를 감당해 내야 했습니다. 당시 한국지역사회학교후원회는 평생교육사 자격증 소지자를 시군별 간사로 채용하고자 했으나 지방에는 평생교육사 자격을 갖춘 대졸자가 거의 없었기 때문에 교육학 또는 지역개발 전공자들이 채용되었습니다.

이처럼 혼자서 실무를 담당했던 간사들은 지역교육청과 협력하고 학교 관계자와 함께 지역사회학교를 만들어 갔습니다. 1980년대 후반~90년대 초반은 교육청과 학교가 중심이 되어 함께 평생교육을 일구었다고 볼 수 있을 것입니다. 따라서 지역사회학교는 오늘날의 읍면동 형태의 평생학습센터와 유사하다고 볼 수 있을 것이다. 그래서 저는 Community School이 Community Learning Center라고 말하고 싶습니다.

■ 한국지역사회교육 후원회 – 지역사회학교 프로그램 원칙

학교의 유휴시설을 활용하여 지역주민을 위한 사회교육 실시를 목적으로 하는 지역사회학교의 프로그램은 다음과 같은 원칙을 가지고 운영한다.

첫째, 지역사회학교 프로그램의 장소는 주민의 세금으로 세워진 학교의 유휴시설을 활용한다.

둘째, 지역사회학교 프로그램의 대상은 학교가 위치한 그 지역에 살고 있는 지역민 중 배우고자 원하거나 배움을 필요로 하는 주민을 대상으로 한다.

셋째, 지역사회학교 프로그램은 그 지역사회의 특성, 문제점, 실태 그리고 지역민의 수준을 고려한다. 그렇기 때문에 A 지역에서 성공한 프로그램이라고 해서 B 지역에서도 성공된다는 보장은 없다.

네째, 지역사회학교 프로그램은 각계 각층 주민들의 각기 다른 필요와 욕구를 충족시켜 준다.

다섯째, 지역사회학교 프로그램은 학교를 포함한 지역사회내의 인적· 물적자원을 충분히 활용하여 각자 가지고 있는 경험이나 장점을 교환함으로써 모두가 배우고, 모두가 가르치는 학습사회 건설에 이바지 한다.

여섯째, 지역사회학교 프로그램의 내용은 흥미본위의 여가선용 프로그램으로 시작하여 취미, 교육, 생산, 봉사, 지역사회개발 프로그램으로 연결되면서 다양하게 발전되어 나간다.

일곱번째, 지역사회학교 프로그램 내용은 특별히 교육철학이나 사회적 요구에 위배되지 않는 한 주민들이 원하는 교육내용이면 무엇이든지 프로그램이 될 수 있다.

여덟번째, 지역사회학교 프로그램 내용은 주민들의 다양한 요구에 맞춰 다양하게 마련된다. 지역사회학교 프로그램 내용은 동기, 대상, 내용, 방법이 다양하기 때문에 프로그램 내용도 다양하다.

아홉번째, 지역사회학교 프로그램의 홍보는 전 주민을 대상으로 참여의 기회를 균등하게 제공해주고 장소관계로 제한 할 경우 선착순으로 마감한다.

열번째, 지역사회학교 프로그램은 주민들의 능력을 발굴할 기회를 제공함은 물론 발굴된 능력을 계속적으로 개발 발전시켜 배우는 사람에게 그치는 것이 아니라 아는 사람, 할 수 있는 사람을 만들어 준다.

지역사회학교 프로그램의 네가지 단계를 살펴보면
- 1 단계 : 주민들을 학교에 오도록 하고 (In)
- 2 단계 : 학교에 온 주민들을 지역사회학교 프로그램에 참여하도록 하고 (Involved)
- 3 단계 : 프로그램에 참여한 주민들이 프로그램에 흥미를 느끼게 해 주어야 하며 (Interested)
- 4 단계 : 프로그램에 흥미만 느끼고 중단하는 것이 아니라 아는 사람 할 수 있는 사람이 되도록 도움을 준다 (Informed)

열한번째, 지역사회학교 프로그램은 개인 학습보다 집단 학습의 방법을 많이 사용하는데 학습 진단의 크기는 융통성을 가져 프로그램의 내용과 방법에 따라 고집단, 중집단, 대집단으로 집단의 크기를 조절한다.

열두번째, 지역사회학교 프로그램의 기간은 프로그램의 내용과 방법에 따라 단기, 중기, 장기 등으로 융통성 있게 운영되기 때문에 1회에 그치는 교양 강좌도 있지만 몇 년씩 운영되고 있는 서예교실도 있다.

열세번째, 지역사회학교 프로그램

비용은 수혜자가 부담함을 원칙으로 하여야 그 프로그램에 매력을 느끼고 계속적인 참여를 하게 된다.

열네번째, 지역사회학교의 모든 프로그램은 지역민의 성장과 지역발전을 위한 과정이지 목적이아니다. 따라서 지역사회학교는 목적보다 과정을 중요시하기 때문에 어떤 내용의 프로그램을 어떻게, 누구를 위하여 운영하느냐가 대단히 중요하다.

열다섯번째, 지역사회학교 프로그램의 평가는 지역사회학교운동의 목적과 그 해의 활동목표와 지역주민의 흥미와 욕구충족의 방향이 일치 할 때 성공적이고 발전적이라 할 수 있다.

지역사회학교 프로그램은 이상과 같은 원칙을 가지고 운영하되, 다양한 사업중 지역의 특성과 지도자의 능력과 학교의 사정에 맞춰 우선 순위를 정하여 여건에 맞춰 실시한다.

■ 충북지역에 평생교육 실천학교를 만드는 힘이 되어주신 김종서 부회장님과 주성민 이사님

충북이 지역사회학교를 75개교 만들게 된 배경에는 충북지역 교사를 양성하는 충주사범학교 교수를 지낸 김종서 상임부회장님과 지역사회학교 운영에 대한 강의력으로 평생교육 실천 방법을 가르쳐주시는 주성민 상임이사님의 영향력이 크게 작용하였습니다.

이후 김종서 교수님은 중앙협의회장님을 지내셨으며, 주성민 이사님은 회장님을 거쳐 재단이사장님으로서 평생교육 발전에 공헌을 해오셨습니다. 지금은 고인이 되신 김종서 교수님과 현재 한국지역사회교육재단 주성민 명예이사장님께 지면을 빌어 감사를 드립니다.

평생교육센터로서의 지역사회학교

김종서 (서울대 교수)

• 1982년 8월 8일~9일 1박2일 동안 울산 현대중공업(주)영빈관에서 열렸던 강원도 워크숍 주제강의 내용임

(1) 지역사회학교는 지역사회의 모든 연령층의 주민들에게 그 지역사회의 문화를 내면화시키는 교육을 담당한다.
(2) 지역사회학교는 급변하는 사회 변화에 적응하는 교육을 실시한다.
(3) 지역사회학교는 평생을 통하여 개인능력의 최대한의 신장과 국가발전에 참여하는 인간을 육성하고자 한다.
(4) 지역사회학교는 유아에서부터 노인에 이르기까지 모든 주민의 학교이다.
(5) 지역사회학교는 가정과 학교와 사회를 유기적으로 연결시키는 학교이다.
(6) 지역사회학교는 학교교육의 시설을 개방할뿐 아니라 유아교육 및 사회교육을 위한 시설과 설비도 마련한다.

(7) 지역사회학교는 학교교육의 프로그램 못지않게 지역주민의 필요에 따르는 다양한 사회교육 프로그램을 가지고 있다.
(8) 지역사회학교는 평생교육의 기초로서의 학교교육의 중요성을 인식하고 교육성과를 높인다.
(9) 지역사회학교는 생활개선과 직결되는 교육내용에 중점을 둔다.
(10) 지역사회학교는 그 지역의 발전을 위하여 발달의 각 단계의 연령층의 사람들이 해야할 일이 무엇인지를 찾고 이를 해결하기 위하여 노력하도록 자극한다.
(11) 지역사회학교는 모두가 배우고 모두가 가르치는 학교이다.
(12) 지역사희학교의 교사는 평생교육의 실천자이다.
(13) 지역사희학교의 교사는 학교교육을 넘어선 보다 넓은 평생교육의 교육관을 가지고 있다.

출처: 한국지역사회학교후원회, 새이웃, 제122호, 1982년 9월호

2. 시·군별 지역사회학교 운영위원 워크숍
– 학교를 평생교육 장으로 만드는 노하우를 배우다

　충북 지역의 평생교육을 실천하는 지역사회학교를 활성화하기 위해 시·군별로 초중등 지역사회학교 운영위원 교육을 추진하였습니다. 한국지역사회교육후원회의 지원을 받아 북부, 중부, 남부지역으로 찾아가는 지역사회학교 운영위원 임원교육을 추진함으로써 지역사회학교 평생교육 운영할 수 있는 역량을 키워주었습니다. 주로 우리나라 최초 평생교육 실무자인 주성민 상임이사님이 강의 및 토의를 해주었습니다.

　충북 전 지역의 초중등학교를 평생교육 학교로 육성하기 위해 지역사회학교를 운영하는 임원들을 대상으로 교육을 실시한 것을 알 수 있습니다. 시군 단위로 임원 연수를 추진함으로써 시군 단위 지역사회학교간의 정보 교류를 하며 서로 배우는 기회를 제공할 수 있었습니다.

또한 충북 지역사회학교 운영회 임원 전체가 참여하는 연수를 개최하여 충북 지역의 평생교육 실천 학교간의 교류도 하고 운영 역량을 강화하는 기회를 제공하였습니다.

지역사회교육운동의 탄생 배경의 이해를 돕기 위해 영사기를 활용하여 영화 〈To Touch A Child〉를 상영해오다 1990년 초에 VTR이 도입되면서 비디오테이프 자료를 활용한 교육을 하였습니다. 따라서 "밝은 지역사회, 활기찬 학교" 영상을 상영한 것을 알 수 있습니다.

이처럼 1990년대에는 교육을 위한 기자재가 주로 VTR이 활용된 것을 알 수 있습니다. 또한 슬라이드도 활용하였습니다.

이러한 시군별 지역사회학교 운영회 임원 연수는 현재 평생교육을 운영하는 대상별 직무 교육이라고 할 수 있겠지요. 당시의 평생교육 학교 운영회 임원교육의 생생한 현장을 스케치하였습니다.

■ 청주시·청원군·음성군 지역사회학교 임원교육

4월 18일 오전 10시 거구장 3층 회의실에서 청주·청원·음성 지역사회학교 임원 76명이 참석한 가운데 임원교육이 개최되었습니다. 지역사회교육운동의 이해를 돕고자 「지역사회학교 태동」이란 영화와 「태동에서 20년」이란 슬라이드를 상영한 후, 후원회 주성민 총무가「지역사회학교 운영의 실제와 임원의 역할」에 대해 1시간 30분간 강의를 해주어 참석한 임원들이 효율적인 지역사회학교 운영 방안을 모색하는 데 크게 도움을 주었습니다. 이어서 김종우 부총무의 진행으로 「지역사회학교란?」과 「실시할 수 있는 프로그램 찾기」에 대한 열띤 토의가 이루어졌으며, 토의 후 임원 역할별 워크숍이 있었습니다. 임원교육을 계기로 참석한 단체회원 초중등학교가 지역사회학교다운 운영을 하는 데 크게 도움을 주었습니다.

■ 청주시 학교 어머니회 지역사회교육운동 강좌 마련

지난 7월 6일 단재교육원에서 청주시 학교 어머니회 주최로 임원 연수가 있었다.

이날 후원회 주성민 총무가 "지역사회교육운동과 지도자의 역할"이란 강의를 통해 지역사회학교 운영의 필요성과 임원역할의 중요성을 강조하였다. 그리고 참가한 300여명의 어머니 임원들은 어머니회 활성화를 위해서는 임원들의 봉사적인 활동이 무엇보다도 중요함을 다시금 느끼며, 한분도 빠짐없이 뭔가 얻어가기 위해 열중하는 모습이었다.

■ 청원군 지역사회교육운동 연수

오창국교 강당에서 4월 23일 청원군 초·중·고 교장, 담당교사, 어머니회장단 총 262명이 참석한 가운데 청원군 지역사회교육운동 연수회를 가졌습니다.

이날 중앙협의회 김종서 상임부회장은「부모교육과 지역사회교육운동」을, 주성민 상무이사는「지역사회학교 운영의 실제」란 강의를 해주었습니다. 두 분의 강의는 청원군에 본 운동의 필요성을 심어주는 계기가 되었으며 어머니교실 활성화에 크게 도움을 주었습니다.

■ 시범학교 단위지역사회학교 운영회원 교육

3월 20일 오후 2시 30분 청주 흥덕국교와 청원 내수중 지역사회학교 운영회원 교육이 있었습니다. 흥덕국교에서는 주성민 후원회 총무님이, 내수중에서는 김종서 후원회 상임부회장님이 지역사회학교 운영의 필요성과 실제에 대하여 강의를 해주어 지역사회학교 운영에 큰 도움을 주었습니다.

■ 충북 지역사회학교 운영회 임원교육
– 학생과 학교, 주민이 삼위일체가 되는 지역사회학교 운영

"지역사회교육운동 활성화의 핵은 바로 평생교육을 실천하는

지역사회학교 활성화입니다.

그렇다면 지역사회학교 활성화를 위해 협의회가 할 일은 무엇인가요?

바로 지역사회학교 운영회를 이끌어 나가고 있는 주체 세력에게

지역사회교육운동의 필요성을 느끼게 해주고

지역사회학교 운영회를 제대로 운영하게끔 도와주는 일입니다."

이러한 취지로 9월 21일 지역사회학교 임원 총 66명이 참석한 가운데 충북협의회 회의실에서 임원교육을 가졌습니다.

일정에 따라 홍보 영화 "밝은 지역사회, 활기찬 학교'를 상영하여 지역사회학교 운영회의 모범을 제시한 후 김근세 충북협의회장의 지역사회교육운동 소개가 있었습니다. 이어 주성민 중앙협의회 이사는 '좋은 학교 만들기와 우리의 역할' 이란 주제 강의에서 우리 운영회는 어떤 일들을 했는 가라는 질문을 먼저 던짐으로써 1학기 사업을 점검한 후 지역사회교육운동의 필요성을 역설하였습니다.

이어 임원들은 지역사회학교 운영회를 어떤 자세로 어떻게 이끌어 가야

할 것인가에 대하여 임원들에게 질문을 던진 후 답변한 내용을 정리하여 강의를 해주어 임원들이 역할을 수행해 나가는 데 크게 도움을 주었습니다.

35개 지역사회학교가 참여하였는데 참가한 임원들은 당면 문제임을 공감하여 끝까지 진지한 참여 자세를 보여 지역사회학교에 대한 새로운 활로 모색에 모두가 열중하였습니다.

이번 임원교육은 운영회 임원들이 좋은 학교란 학생과 주민, 그리고 교사가 삼위일체 되는 학교로 바로 지역사회학교이며 좋은 학교 만들기를 위해서는 운영회 임원들의 역할이 얼마나 중요한 지를 일깨워 주는 계기가 되었습니다.

참고자료 : 1990~1994년 중앙 새이웃, 충북 새이웃

3.
지역사회학교 운영위원회의 - 학교를 평생교육 장으로 만드는 실천 전략을 공유하고 배우다

■ 청주 청원 운영회장단 협의회 개최

1992년 7월 31일 청주·청원 운영회장단 17명이 참석한 가운데 충북협의회 회의실에서 협의회를 가졌습니다.

김근세 협의회장의 "협의회 활동 소개 및 지역사회학교 운영 안내"가 있은 후 "우리의 지향"이란 슬라이드 상영이 있었습니다. 이어서 도지정 시범학교인 흥덕국교에서 취미교실, 봉사활동, 사랑의 바자회 등 그간 다양하게 운영한 사례를 박남순 부회장이 소개해주어 참가자들에게 실질적인 도움을 주기도 하였습니다. 또한 각 학교에서 운영했던 프로그램과 계획하고 있는 프로그램, 그리고 그간의 애로사항에 대한 열띤 토의도 이루어졌습니다.

이번 모임은 처음 갖는 협의회이므로 미흡한 점도 있었으나 각 학교 간에 정보교환을 통해 운영회를 활성화하는데 많은 도움이 되었으리라 봅니다.

■ 청주·청원 운영회장단 회의

- 일시: 1992년 10월 11일 오전10시
- 장소: 충북협의회 회의실
- 참석: 청주·청원 운영회장단 28명
- 내용: 각 학교의 활동 내용 소개

김근세 협의회장의 지역사회교육운동 소개가 있은 후 "밝은 지역사회 활기찬 학교"란 비데오를 상영하였다. 이어 각 학교에서 활동한 내용을 발표하는 정보교환의 시간을 가졌는데 복대국교의 지역사회교실 마련에 관심을 보이며 매우 활기있게 정보를 주고 받았다.

끝으로 다양한 지역사회학교프로그램 소개와 정태원 강사의 효과적인 부모역할훈련 프로그램 소개시간도 마련하였다.

■ 충주시·중원군 운영회장회의

새이웃큰잔치에 대해 협의 10월 8일 오전 11시30분 층주보송식당에서 운영회장 18명이 참석한 가운데 충주·중원 지역사회학교 운영회장회의가 있었다. 회장들은 15일 개최되는 충주·중원 새이웃큰잔치에 관한 사항을 매우 진지하게 협의하였다. 이날 김근세 충북협의회장, 진기두 충주·중원 협의회장, 최지환 남한강국교장이 참석하여 도움말씀을 주기도 하였다.

■ 지역사회학교 운영회장 회의 개최

1992년 9월 23일, 청주·청원·옥천·영동·진천·음성·괴산 등 7개 지역의 지역사회학교 운영회장 25명이 참석한 가운데 지역사회학교 운영회장 회의가

열렸습니다.

김근세 협의회장의 인사말을 시작으로, 후반기 지역사회학교 운영에 대한 다양한 의견과 협의가 활발히 이루어졌습니다.

회의 후에는 우정순 박사(세중한의원장)의 건강관리 특강과 사영숙 강사(한살림 운영위원장)의 무공해 천연비누 만들기 강좌가 이어져, 운영회장들의 호응 속에 실질적이고 유익한 프로그램으로 마무리되었습니다.

■ 북부지역 운영회장회의

1992년 10월 28일 충주중앙신협 3층 회의실에서 충주, 제천, 음성, 단양의 지역사회학교 운영회장 21명이 참석한 가운데 북부지역사회학교 운영회장회의를 개최하였습니다. 특히 이날은 진기두 충주·중원협의회장, 김한표 본 협의회 부회장, 이봉구 충주·중원부회장, 최윤호, 이안국 교장이 참여하여 격려해 주기도 하였습니다. 이날 회의는 각각 지역사회학교의 전반기 사업 및 후반기 운영에 대한 협의가 이루어졌는데 주로 바자회, 노래자랑, 시화전 등으로 열띤 협의가 이루어졌습니다. 회의가 끝난 후 지역사회학교 권장프로그램 소개가 있었으며 이어 김성순 PET 강사가 '효율적인 부모역할이란?'이란 주제로 강의를 해주어 참가자들로부터 크게 호응을 얻었습니다.

참고자료 : 1990~1994년 중앙 새이웃, 충북 새이웃

▶ 주성민 상임이사님의 말씀이 떠오릅니다.

"문제가 생기면 궁리하라! 궁리하다 보면 답을 찾을 수 있을 것이다."
궁리하다가 답을 찾은 사례를 말씀드리겠습니다.

☞ 1990년초, 200~300여명이 모인 지역사회교육운동 세미나에서 주로 지역사회교육운동 20년 역사를 슬라이드르 보여주었습니다. 그런데 상영중에 슬라이드 컷이 걸려 중단하고 빼내며 진땀 흘린 적이 몇 번 있었습니다.

그리고 슬라이드를 상영하기 위해서는 슬라이드 기자재가 필요하고, 나래이션에 맞춰 슬라이드 컷을 다음으로 넘겨야 합니다. 또한 나래이션이 나올 수 있도록 나래이션이 담긴 테이프를 녹음기에 넣고 슬라이드 상영과 동시에 녹음기를 눌러야 합니다. 그러다 보니 슬라이드 컷을 넘길 사람, 나래이션이 나올 수 있도록 녹음기를 누를 사람, 이렇게 2명이나 있어야 합니다.

이렇게 2명이 슬라이드를 상영하는데도 불구하고 슬라이드 컷이 걸리는 난감한 상황이 생길 수 잇기 때문에 이 문제를 어떻게 해결할 수 있을까? 궁리하게 되었습니다.

비디오 촬영제작하는 프로덕션이라면 이 문제를 해결할 수 있지 않을까? 라는 생각을 하고 해결방안을 함께 모색하였습니다. 프로덕션 대표님은 한 번도 해본 적은 없지만 방안을 찾아보자며 며칠 뒤 비디오테이프로 만들어 왔습니다. 너무 뿌듯했습니다.

저는 이때 배웠습니다. 어떤 문제가 생길 때 궁리하면 해결 방안이 나올 수 있다는 것을 ~

이렇게 제작한 비디오테이프는 충북만 활용하기에는 아깝다는 생각이 들어 전국에 보급하였던 기억이 납니다.

4. 전국 지역사회학교 운영 관계자 세미나
- 평생교육 운영 실천력을 높이다

　지역사회교육운동의 궁극적인 목적은 효과적인 지역사회학교 운영입니다. 즉 평생교육을 실천하는 학교를 확산하는 것입니다. 지역 협의회에서도 각 시군단위의 초중등학교를 지역사회학교로 만드는데 주점을 기울이지만 본부인 한국지역사회교육후원회에서는 전국협의회가 우수한 평생교육 사례를 공유하고 평생교육 실천력을 높일 수 있도록 운영 관계자 대상으로 세미나, 연수, 워크숍을 개최합니다.

　참가자들은 세미나 특강과 토의를 통해 지역사회교육운동의 이념과 철학을 되새기고, 효과적인 지역사회학교 운영 방법을 모색하게 됩니다.

지역사회학교운동과 교장의 역할

김신일 (한국지역사회교육후원회 부회장, 서울사대 교육학과 교수)

"학교는 교육적인 새로운 여건의 변화에 맞추어 확대되어 나가야 하며, 누구보다도 교장선생님들께서 교육행정가가 아닌 교육자로서, 교육지도자로서의 보람있는 열매 맺으시길바랍니다."

지역사회학교운동은 학교와 지역사회가 협력해서 좋은 학교를 만들고 지역사회주민들의 교육적 요구를 충족시켜 주자는 운동입니다. 다시말해서 학교와 지역사회 주민의 일치 운동입니다. 지금까지 학교와 지역사회는 인간적 교류는 있었지만 교육을 통한 관계는 유리된 상태에 있었습니다.

최초의 지역사회학교는 서울 재동 국민학교였는데 그이후 서울 여러 학교로 전파 되었으며 경기·강원에서 제주에 이르기까지 전국13개 시·도에 협의회가 조직되어 있습니다. 또한 시·군단위의 추진회까지 조직되어 서울 450개 국민학교중 6월말까지 94개 학교가 참가해 전국적으로 그 이념이 보급되었다고 해도 과언이 아닐 정도에 이르렀습니다. 그러므로 지역사회학교운동이 활발해 질수록, 보다 체계적으로 운동을 추진하고 이념을 제대로 구현할 수 있는 평가사업과 새로운 계획을 세우고, 확충하기 위한 구체적인 작업이 진행되어야 합니다. 한국지역사회학교 후원회는 총회를 통해 한국지역사회 교육후원회로 명칭이 바뀌고, 재단법인체로 등록을 마치어, 연수기능과 연구기능을 겸한 기관으로 성장하게 되었습니다. 또한 지도자에 대한 체계적 훈련교육과 program을 보급시켜서 전국민과 정부가 힘을 융합해서 추진해야 하므로 범국민적인 호응을 얻을 수 있는 일을 자행중에 있습니다.

지역사회학교운동의 흐름을 살펴보면 지역사회학교운등은 6.25 사변후 폐허된 환경을 발전시키기 위해 극제연합의 제안으로 시작되었습니다. 완전히 파괴된 교육 시설의 재건을 위해서는 가난한 정부만의 지원이 불가능 하였으므로 지역사회주민이 직접 학교의 재건에 뛰어들어야 했습니다. 지역사회 학교에서 학교를 뺀 교육 공공기관은 없었고 문명퇴치를 위한 인적자원과 시설의 소유는 학교부에 없었기 때문입니다. 이러한 운동은 뜻있는 국내의 학교에서 시작되어 서울 효재 국민학교를 선두로 1950년대말 경기도의 장학방침에 의해 지역사회학교운동이 전개되었습니다. 그리고 이 운동은 1960년에 이르러서는 민주당 정부의 중요사업이 되어 지역사회 개발사업에까지 이르렀고 문교부의 중요정책으로수용되었습니다. 이때 지역사회학교운동은 향토 학교로 명칭이 바뀌어 60년대에 계속 전개되었고 정부가 이를 뒷받침하고 있었습니다. 70년대에는 새마을교육의 일환으로 이운동이 전개되었으나 지나친 행정력의 횡포가 정부가 의도했던 성과를 제대로 올리지 못하게 했습니다.

현재 한국지역사회교육후원회는 순수한 민간단체로 있습니다. 좋은 운동은 정부가 해도 좋으나, 이운동이 뿌리를 내리려면 지역 주민의 자발적인 움직임과 참여로 민주적으로 이루어져야 합니다. 자기자신의 학습을 위해서.바로 그 지역사회내에 있는 학교를 돕는 일, 학교를 보다 잘 만들기 위해 토론하고 협력하고 봉사하고 내일로 알고 함께 하는 일. 이것이 민주주의의 가장 확실한 실천이 아닌가 합니다.

■ 지역사회학교 단위 운영회원 교육
- 평생교육을 실천 전략을 수립하다

알아 보기 : 지역사회학교 운동의 성격

　지역사회학교는 전체 지역사회의 요구를 충족시키기 위해서 노력한다. 그러므로 지역사회학교는 학생들 뿐만 아니라 일반 주민들의 필요까지도 관심을 가진다. 그리고 지역사회학교는 지역사회 주민의 교육뿐만 아니라 생활까지도 관심을 가진다.

　지역사회학교는 주로 학생들의 교육에만 힘을 기울이던 재래의 학교보다 훨씬 더 큰 책임을 지고 있다. 물론 어린이들을 위한 교육도 장기적으로 보면 전체 지역사회의 발전을 가져오기 위한 중요한 수단이 되겠지만 지역사회학교는 지역사회의 발전을 위해서 보다 직접적이고 적극적인 노력을 기울인다.

　지역사회학교는 지역사회 주민이 당면한 문제를 해결하고 그들의 생활을 향상시키기 위해서 도움을 주는 학교이다.

　재래식의 학교는 주로 어린 학생들의 교육에만 관심을 가졌다. 그리고 학생들에 대한 교육활동도 그들의 지역사회 생활과 별 관계가 없는 경우가 많았다.

아래 도표에서 보면 재래식의 학교는 '1'의 영역에만 노력을 집중시켰다고 말할 수 있다. 지역사회학교는 학생들의 지역사회생활 '2'에도 관심을 가질 뿐만 아니라 모든 지역사회 주민의 교육 '3'과 생활 '4'에 대해서도 노력을 기울인다.

지역사회학교 운동이라는 것은 모든 학교가 재래의 제한된 기능을 확대하여 1~4의 영역을 모두 포함한 광범한 기능을 수행하여 지역사회의 발전에 공헌하고자 하는 운동이다.

	교육	생활
학생	1	2
주민	3	4

지역사회학교 운동의 기본적인 성격을 몇 가지로 나타내면 다음과 같다.

첫째, 지역사회학교 운동은 지역주민들이 학교를 보다 나은 교육의 터전으로 가꾸고 학교는 지역사회를 보다 살기 좋은 생활의 터전으로 만드는 데 적극적으로 참여하는 학교와 지역사회의 상호 협력운동이다. 재래의 학교는 지역사회의 학교에 대한 지원만을 강조했지만 지역사회학교 운동은 그것과 더불어 학교가 지역사회에 대해서 줄 수 있는 지원도 더욱 강화하려는 데 그 의의가 있다.

둘째, 지역사회학교 운동은 학교가 가지고 있는 교육적 자원과 역량을 연령, 성별, 계층, 종교 등에 관계없이 모든 지역민을 위해서 최대로 활용하는 학교개방운동이다. 그래서 지역사회학교는 지역주민에게 교문을 활짝 열어젖히고 그들을 도와주려 하는 것이다.

셋째, 지역사회학교 운동은 모든 지역민의 필요를 충족시키고 지역민의 생활을 향상시키기 위해서 그들의 잠재력을 최대로 개발하는 사회교육운동이다. 사람들은 요람에서 무덤에 이르기까지 언제나(수면 시간은 제외하고) 어디서나 배운다. 학교는 지역 주민을 위한 모든 사회교육활동을 조정하는 역할을 맡아야 할 뿐만 아니라 학교 스스로가 성인들이나 불취학 청소년들을 위해서 교육 프로그램을 실시해야 한다.

넷째, 지역사회학교 운동은 지역사회를 발전시키고 지역사회가 당면하고 있는 여러 문제를 해결하려는 주민들의 자조적 노력을 돕는 사회개발운동이다. 지역사회의 발전을 위한 문제의 발견, 목표의 설정, 계획의 작성, 주민의 조직, 사업의 실천, 평가 등을 위해서 학교가 할 수 있는 일이 많이 있는 것이다.

다섯째, 지역사회학교 운동은 모든 지역민의 공동적 노력과 자발적 참여를 바탕으로 하여 지역민의 공동체 의식을 강화하는 새이웃형성운동이다. 학교는 서로 고립되어 있는 낯설은 이웃들의 마음의 가교를 놓는 구심점으로서의 구실을 해야 한다는 것이다.

마지막으로, 지역사회학교 운동은 모든 지역민들이 가까운 일상생활에서의 실천을 통하여 이웃사랑을 나라사랑으로 바꾸어 놓는 애국실천운동이다. 백 마디의 말보다도 단 한번의 실천이 더 귀중하다.

출처: 한국지역사회학교후원회(1981), 지역사회교육운동 10년

제3장

교육부、교육청、
한국지역사회교육후원회가 평생교육
실천할 시범 지역사회학교 육성(1)

1. 평생교육을 실천하는 초중고 시범 지역사회학교 육성

평생교육 실천 학교 –
충북교육청에서 지역사회학교 시범학교를 지정하다

■ 축사 – 연구시범학교의 적극적 실시지원

– 정원식 (본회 이사 / 문교부장관)

행정적인 차원에서 이 운동의 전국적인 확산을 위한 문교부 지정, 시도교육위원회 지정의 연구시범학교 전개를 적극적으로 실시할 것을 말씀드리고 싶습니다.

지역사회교육운동은 그동안 이 나라의 교육만이 아니라 우리 사회에 많은 기여를 해 왔습니다. 무엇보다도 현대사회의 산업화, 도시화 과정 속에서 잊혀져가는 이웃 사랑하는 마음을 일깨우고, 공동사회를 지향하며, 서로 더불어 사는 운동을 전개하고 있음은 우리 사회의 큰 보람이라고 할 수 있습니다. 그러나 앞으로는 지금까지의 활동과 병행해서 좀 더 구체적이고 집중적이면서 실천지향적인 사업에 노력과 관심을 기울일 때 더 큰 성과를 기대할 수 있을 것입니다. 그와 같은 실질적인 사업으로서 이 운동에 참여하고 있는 회원들이 가정에서 올바르게 자녀를 지도하고 교육하도록 하기 위한 가정교육운동을 전개하는 것은 바람직한 일일 것입니다. 가정의 교육적인 기능을 회복하여 건전하게 자녀를 성장시키고 이웃 사랑하는 마음을 가르치는 것은 이 사회에 만연되어 있는 청소년 문제를 예방해 가는 최선의 방법이 된다는 점에서도 대단히 뜻있는 일입니다. 이 자리를 빌어 지역사회교육운동을 위한 정부의 입장과 방침을 말씀드리자면, 정부는 교육환경 개선운동, 공동체 형성운동, 지역사회의 학교화운동 등을 전개해 온 지역사회교육운동의 이념을 높이 평가하고 전폭적으로 지지하며, 행정적인 차원에서 이 운동의 전국적인 확산을 위한 문교부 지정, 시도교육위원회 지정의 연구시범학교 전개를 적극적으로 실시할 것을 말씀드리고 싶습니다. 거듭 "새이웃 회원의 날" 행사를 축하드리며, 지역사회교육운동의 발전과 아울러 회원 여러분의 건승을 빕니다.

■ 1991년 전국 시범 지역사회학교(평생교육 학교) 워크숍

시범이 끝난 후에도 지속적인 운영이 되는 진정한 시범학교로…

1991년 3월 8~9일 용인 현대인력개발원에서 열린 〈전국시범지역사회학교 관계자 세미나〉 일정 중 첫날에 있었던 본회 김종서 상임부회장의 "시범학교 운영계획서 작성 방법" 강의 내용을 정리한 것이다. (김영옥 간사)

시범연구는 과학적 접근과 상식적 접근 사이에 있는 계획활동적 접근이라 할 수 있습니다. 깊은 이론이 있는 것이 아니라 일상적인 것을 계획적으로 해나가는 것입니다.

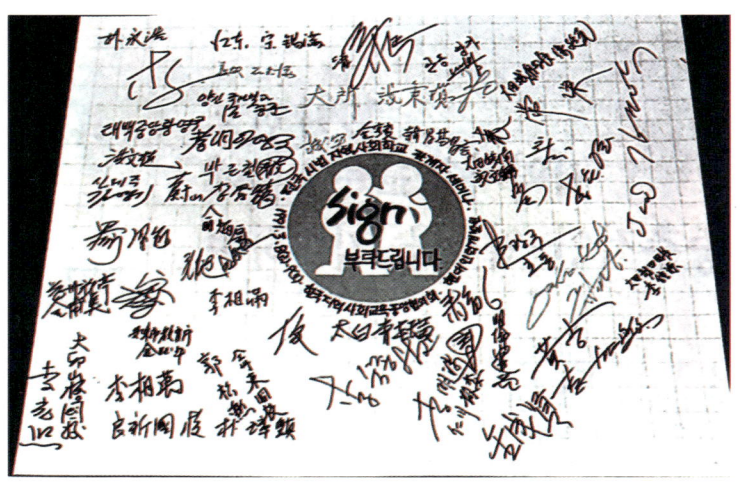

1991년도 시범지역사회학교(기간 1년)

번호	구 분	학 교 명	번호	구 분	학 교 명
1	교육부지정	전북 전주동국교	18		충북 영동농고
2	(2교)	전남 담양중학교	19		충남 양신국교
3	시·도교육위원회	서울시 강동국교	20		전남 여수중앙국교
4	(21교)	부산시 온천여중학교	21		경북 의성국교
5		대구시 산격국교	22		경남 옥동국교
6		인천시 인수국교	23		제주 신제주국교
7		광주시 효동국교	24	시·도교육청	경기 덕성국교
8		대전시 용전국교	25	(6교)	강원 명륜국교
9		경기 청평국교	26		강원 황지국교
10		경기 성남서중학교	27		강원 황지중앙국교
11		경기 포천고교	28		강원 성북국교
12		강원 동명중학교	29		충남 구항국교
13		강원 봉의국교	30	협의회 지정	광주시 광주화정국교
14		강원 북원국교	31	(4교)	대전시 성남국교
15		충북 홍덕국교	32		경북 안동영가국교
16		충북 대소국교	33		경북 영덕국교
17		충북 예성여중학교			

1) 시범 학교의 성격

시범 연구는 과학적 접근과 상식적 접근 사이에 있는 계획활동적 접근이라 할 수 있습니다. 깊은 이론이 있는 것이 아니라 일상적인 것을 계획적으로 해나가는 것입니다. 연구의 종류에는 기본적 연구, 현장 연구, 계획활동인 시범연구의 세 가지가 있습니다. 이 세 가지를 비교해 가면서 시범연구의 성격을 말씀드리기로 하겠습니다. 기본적 연구는 학자들의 연구를 말하며 이론의 발견에 목적을 두는데, 현장연구와 시범연구는 일선 선생님들인 교육실천가가 연구를 하며 현장을 개선하는 데 목적이 있습니다. 기본적 연구는 가설로 진술하지만, 시범연구는 목적으로 진술을 합니다. 주제의 크기는 기본적 연구가 미시적인 반면, 시범연구는 거시적이므로 부제를 붙이는 것이 도움이 됩니다. 또한 기본적 연구는 실험군과 통제군을 두어 조건 통제를 엄격히 하며 면밀한 계획에 의해 추진하고 연구과정에서 계획서를 변경하지 않습니다. 이에 비해 현장연구는 유사실험 방법을 사용하며 계획은 면밀히 수립하나 연구과정에서 변경이 가능합니다. 시범연구는 실험군과 통제군을 두지 않고 단일집단을 연구대상으로 하며 연구하기 전과 연구가 끝난 후의 상태를 비교하여 달라진 모습을 찾아냅니다. 그리고 전체적인 계획에 있어서는 대체적인 계획을 세우고 학교실정에 따라 계획을 수시로 변경하기도 합니다. 이어서 시범연구의 기본적인 전제를 말씀드리기로 하겠습니다. 첫째, 연구의 윤리성이 보장되어야 합니다. 지역사회학교 운영은 학생 교육을 잘하는 데 있으므로 학생들의 교육에 지장을 주지 말아야 한다는 것을 전제로 해야 합니다. 둘째, 장기간에 걸쳐 실천되어야 합니다. 시범학교 운영기간에만 운영하는 단기간 운영으로 끝내지 말아야 합니다. 그러므로 학교와 지역민들과의 협의를 통해 운영을 하여 지역사회학교를 토착화시켜야 합니다. 셋째, 일반화를 전제하지 말고 내 학교를 고친다는 생각으로 연구에 임해야 합니다. 특수 열성, 특수 시설, 특수 집단이 일반화를 저해

합니다. 네째, 현직교육적 효과를 얻을 수 있도록 해야 합니다. 지역사회학교의 바람직한 방향은 시범교사가 되지 말고 시범학교가 되어야 합니다. 그러기 위해서는 전직원이 협조할 수 있는 방향으로 나아가야 합니다.

2) 시범연구의 계획 다음은 시범연구의 계획에 대해서 말씀드리겠습니다.

첫째, 시범 계획서의 체제는 시범연구의 동기 및 목적, 이론적 배경, 실천과제, 실천계획, 평가계획, 시범운영조직, 연구진행일정, 참고문헌 순으로 기술해야 합니다. 둘째, 시범주제는 지역주민·학교·가정·지역사회의 성장과 발전을 위한 것이 원천이 되어야 하며, 주제선정기준에 따라 주제를 선정해야 합니다. 선정기준은 다음과 같습니다.

(1) 시범의 한계는 명확한가, (2) 교육실천 개선에 직접적인 도움을 줄 수 있는가, (3) 지역주민의 필요를 충족시킬 수 있는가, (4) 지역주민 및 기관의 협력을 얻을 수 있는가, (5) 교사들의 능력에 알맞는가, (6) 아동교육에 지장을 주지 않는가, (7) 시간에 대한 고려는 어떠한가, (8) 시설의 이용 가능성은 있는가 등입니다. 이들 선정기준에 한 가지라도 맞지 않으면 주제로 선정할 수 없으며, 선정기준어 비추어 모든 여건이 맞아야 주제로 선정할 수 있습니다. 이렇게 선정된 주제의 진술은 간단명료하게 해야 합니다. 필요하면 부제를 붙이기도 합니다. 아울러 그 주제와 부제를 보면 시범내용을 짐작할 수 있도록 진술해야 합니다. 만일 독립변인(작용하는 변인)과 종속변인(작용의 결과가 나타나는 변인)이 있는 연구이면 독립변인을 먼저 진

술해야 합니다. 세째, 시범의 동기 및 목적에 있어서 시범연구의 취지·중요성·가치 등의 진술은 지역사회의 특성, 학교의 실태에 기초를 두되 원인적(遠因的)인 것보다 구체적이며 근인적(近因的)인 것을 기술해야 합니다. 연구의 목적은 실천과제의 기초가 될 수 있도록 항목별로 진술하며, 하나의 목적에서 1~3개의 실천과제가 도출될 수 있도록 해야 합니다. 네째, 이론적 배경에서는 관련연구의 소개와 개념 규정을 해야 합니다. 관련연구는 연구의 내용을 간략하게 소개하고(연구자, 연구주제, 연구동기, 이론적배경, 실천내용, 실천결과) 본 연구와의 관계를 진술해야 합니다. 개념규정에 있어서는 주요한 개념에 대한 여러 이론들을 소개하고 그러한 이론들 중에서 연구자는 어떤 입장을 취하고 있는지를 명백히 해야 합니다. 필요하면 연구자 나름대로의 개념을 규정해도 됩니다.

다섯째 실천과제는 연구목적을 하위 문제로 분할 한 것으로 실천하고자 하는 과제를 명백히 한 것입니다. 그리고 실천과제별로 실천과제로 설정한 이유를 기술해야 합니다. 실천과제(프로그램 사례)의 예는 별책 "지역사회 교육 프로그램자료집 제 1 집"을 참고 하시기 바랍니다.

여섯째 실천계획 및 평가계획에 있어 실천 계획은 실천 과제별로 상세한 계획을 세워야 하며 평가계획은 실천과제별로 세울 수도 있고 몇 개 또는 모든 실천과제를 총괄하는 계획을 세울 수도 있습니다. 그리고 평가계획에서는 무리한 수량화를 지양하고 일지 분석, 작품 분석, 관찰 기록, 면접 기록, 일화 기록 등의 자료도 중시해야 합니다.

일곱째 시범운영조직에서는 지역사회 인사, 학부모 등을 포함시켜 조직표를 작성해야 합니다. 이러한 조직을 통해 지역민과 함께 토론하고 협의하여 운영해 나갈 때 지역사회학교는 토착화 될 수 있으리라 봅니다.

(정리 : 충북 김영옥 간사)

출처 : 새이웃통권 호 1991년 4월호

■ 1992년 전국 시범 지역사회학교(평생교육학교) 워크숍

3월 30일(월)~31일(화) 용인 현대 인력개발원에서 1992년도 전국시범지역사회학교 관계자 워크샵을 개최하였다. 올해는 전국에서 총 31개의 학교가 시범지역사회학교로서 활동하게 되었는데, 이 중 29개교의 교장, 교감, 교사, 운영회 임원 등 93명이 이틀 워크샵에 참가하였습니다. 첫날에는 "지역사회교육운동의 필요성"에 대해 김신일 서울대 교수가, "시범학교의 의미와 운영연구 계획 및 보고서 작성요령"에 대해 김종서 본회 상임부회장이 강의를 해주었다. 둘째 날에는 경남 울산 옥동국민학교와 충북 청주 흥덕국민학교의 전년도 시범지역사회학교 운영사례 발표가 있었습니다. 그리고 주성민 본회 상무이사의 진행으로 지역사회학교는 무엇을 하며 어떻게 운영되는지에 대한 분과 협의가 있었습니다. 시종 진지하게 임하는 참가자들의 태도를 보면서, 올해의 시범지역사회학교는 더욱 활발한 활동을 하게 될 것이라고 기대해 봅니다.

■ 1990년 충북교육청 지정 시범 지역사회학교 7개교 육성
– 지역사회와 서로 돕는 학교 운영

평생교육을 추진할 지역사회학교 활성화를 위해 교육부와 시도교육청(당시 교육위원회)에서 지역사회학교 시범학교를 지정하였습니다. 지금으로 말하면 시범 평생교육 학교가 되겠지요.

충북 교육감님의 관심이 크셨기 때문에 충북 지역이 시범학교가 가장 많았습니다. 시범학교 운영을 위해 본부에서 전국 단위 시범학교 세미나를 개최하여 효과적인 운영 방법을 가르쳐 주었습니다. 또한 충북 자체적으로도 본부의 도움을 받아 시범학교 워크숍 및 간담회를 개최하였습니다.

우리나라 평생교육 1세대인 김종서 본부 상임 부회장님과 최초 평생교육 실무자이신 주성민 총무님이 함께 내려오셔서 시범학교를 운영하는 관계자에 큰 도움을 주었습니다.

충북교육청은 충북협의회와 협력하여 지역사회학교 시범학교가 1991년 완료된 이후에도 청주농고와 덕산중 등 지정하여 평생교육 실천 학교를 육성하였습니다.

저는 시범학교 운영하는 노하우를 배우는 기회가 되었습니다. 제가 평생교육 현장에서 평생학습도시 특성화 사업 사례 연구, 읍면동 평생학습센터 사례 연구, 지자체 평생학습도시 장기발전 연구의 기초가 된 것 같습니다.

학교명	시범 지역사회학교 운영 주제	유형	회원수
청주 흥덕국교	학지모 동호 취미교실의 시범적 운영	도시형	430
음성 대소국교	지역사회문화의 중심적 역할을 위한 교육환경 조성방안	농촌형	325
충주 예성여중	지역사회와 서로 돕는 학교 – 어머니교실 운영을 중심으로 –	도시형	172
청원 내수중	어머니회를 통한 지역사회학교 활성화와 지역 사회 소득증대를 위한 유실수 생산보급	농촌형	57
제천 제천고	학교시설 개방을 통한 어머니의 역할 기능 신장 방안	인문고	74
청주 청주여고	어머니교실을 중심으로 한 지역사회학교 운영	여고	150
영동 영동농고	주부교실운영으로 가정원예 보급	실업고	90

1990년 3월 3일 충북 교육위원회 유성종 교육감께서 지방자치와 교육자치시대를 맞아, 지역사회교육운동의 필요성을 강조하였고 도내에 시범지역사회학교를 7학교 지정하였습니다.

국민학교로는 도시형에 청주 흥덕국교(김한표 교장), 농촌형에 음성 대속국교(장병찬 교장), 중학교는 도시형에 충주 예성여중(민인호 교장), 농촌형에 청원 내수중(김성구 교장), 고등학교에서는 제천고(심태섭 교장), 청주여고(최종대 교장), 영동 농고(이영희 교장)가 지정되었습니다.

운영기간은 2년으로, 충북지역사회교육협의회와 충북교육위원회, 해당 시·군 교육청의 지도를 받아가며 각 학교의 특성에 맞게 운영을 계획하여 운영을 해나가고 있습니다.

본 협의회에서는 3월 20일에는 본후원회의 도움을 얻어 시범학교 교장, 담당교사, 운영회장, 담당장학사 28명이 참석한 가운데 간담회를 개최하여 운영 계획을 수립하는데 도움을 주기도 하였다.

평생교육을 실천하는 시범 지역사회학교 운영 기간은 2년이며, 충북교육청은 지역사회학교를 도내에 확산하기 위해 계속하여 시범학교를 지정하였습니다. 평생교육 실무자인 저는 시범학교로 지정된 학교를 수시로 드나들며 시범학교 담당 관계자와 협의하며 평생교육을 실천하는 학교 활성화에 주력했습니다.

■ 충북지역 시범지역사회학교 관계자 간담회

　1990년 3월 20일 10시 30분 협의회 회의실에서 장학사와 시범학교 교장, 운영회장, 교사 등 총 29명이 참석한 가운데 간담회를 개최하였습니다. '89년 시범학교를 운영한 이영숙 교장사가 운영사례를 발표하였으며, 이어 주성민 후원회 총무가 효율적인 운영 방안에 대한 말씀을, 김종서 후원회 상임부회장이 운영계획 수립에 대해 말씀 해주어 시범학교 운영에 많은 도움을 주었습니다.

■ 서울 재동국교 운영보고회 견학
충북 시범학교 교장·교사 4명이 참관 노인 자원을 활용한 프로그램 운영

지난 12월 5일 재동국교 강당에서 "지역사회학교 운영의 활성화 방안"이란 주제로 운영보고회가 있었는데, 본 협의회의 시범학교 교장·교사 4명이 참석하였습니다.

재동국교는 최초의 지역사회학교이며 지역사회교육운동의 출발지로 21년 동안 지속적으로 운영해 왔다고 합니다. 그러나 주민들의 이주로 지금은 노인층이 유난히 많다는 재동은 그 지역성을 고려하여 노인 인적자원을 최대로 활용한 특색있는 프로그램 운영을 볼 수 있었습니다. 앞으로 지역사회학교를 운영하는 데 많은 도움이 되었으리라 봅니다.

■ 충북 교육청 지정 시범 지역사회학교 운영보고회 개최

1990년~1991년 2년간 운영한 시범 지역사회학교가 결과를 발표하는 운영보고회를 개최하였습니다. 운영보고회는 충북교육청과 한국지역사회교육 충북협의회가 공동으로 지원합니다. 한국지역사회교육협의회 김종서 상임부회장님은 특강을 통해 운영 결과에 대한 의견과 향후 발전 방안을 제시해 주셨습니다.

충청북도 교육청 지정 시범지역사회학교
운영보고회 개최

○ 청주 흥덕국, 음성 대소국 운영보고회
  때 : 91. 11. 1(금) 09 : 30
  곳 : 청주흥덕국교 교무실
  (김종서 상임부회장 특강 마련)
○ 충주 예성여중, 음동농공고 운영보고회
  때 : 91. 10. 29(호) 09 : 30
  곳 : 충주 예성여중 강당
  (김종서 상임부회장 특강 마련)
○ 발표주제
  • **흥덕국**(도시형) - 학생, 주부 동호 취미교실의 연계적 운영
  • **대소국**(농촌형) - 지역사회교육을 위한 여가시간 활용방안
  • **예성여중** - 지역사회와 서로돕는학교(어머니교실 운영을 중심으로)
  • **영동농공고** - 농공고 특성을 이용한 지역사회개발(주부교실 운영으로 가정원예보급)

＊회원님들의 적극적인 참여 있으시기 바랍니다.＊

■ 중앙 MBC 특별기획프로에 충북의 지역사회학교활동 소개
– 도시형 (청주 흥덕국), 농촌형 (음성 대소국) 평생교육 활동

1991년 1월 28일 서울 MBC에서 청주 흥덕국(도시형), 음성 대소국(농촌형)교의 방학 중 지역사회학교 활동 장면을 촬영하였다.

흥덕국교에서는 6개 부서의 취미활동 프로그램, 대소극교는 아버지 영농교실, 어머니 취미활동 프로그램을 운영하고 있었다.

MBC 특별기획인 「교육자치 어떻게 되나?」란 주제로 교육자치를 앞두고 현재의 교육자치를 진단해보는 프로이다.

이 프로그램에서 지역사회학교 활동을 통해 지역민과 학교 상호 간의 도움을 주고받아 주민, 학교, 지역사회의 성장 발전을 도모한다는 내용으로 1991년 2월 3일에 방영되었다.

다음장에서 평생교육 실천에 앞장서온 도시형 '흥덕초등학교'와 농촌형 '대초초등학교'의 지역사회학교 활동을 소개합니다.

2.
청주 흥덕초 지역사회학교
– 학자모 동호 취미교실의 시범적 운영

동호 취미교실을 개설하며

일시: '90. 4. 27(금). 16 : 00

장소: 흥덕지역사회학교 교장실

참석자: 김한표 교장
　　　　김선구 교감
　　　　오종숙 운영회장
　　　　전창동 교사
　　　　조영자 교사
　　　　유애선 교사
　　　　김영옥 간사(기자)

신흥시가지인 학구내에 접어들었다. 질서정연하게 지어진 주택과 상가가 즐비하게 늘어선 것으로 보아 신흥주택가임을 쉽게 알 수 있었다. 얼마안되서 흥덕 지역사회의 중심부에 크게 자리잡은 흥덕국민학교가 드러났다.

교문을 활짝 열고 지역주민을 반기고 있었으며, 곱게 차려입은 어머니들이 입구에서부터 삼삼오오 짝을지어 신바람을 몰고 학교로 들어서고 있었다.

김영옥 : 바쁘신 중에도 이렇게함께 자리를 해주시어 감사합니다. 교육위원회에서 교육자치시대를 맞아, 지역사회교육운동에 지대한 관심을 갖고 금년에 충북에 7교의 시범 지역사회학교를 지정해 주셨습니다. 더욱이 홍덕국민학교가 도시형 지역사회학교로서 활동을 하시게 되어 매우 뜻깊게 생각합니다. 운영 계획은 어떻게 세우시고 계신지요 ?

김한표 : 본교는 88년에 개교한 학교로 역사도 짧고 신흥개발 학구로 각지에서 이주해온 주민들로 형성되어 있어, 주민들간의 관계나 학교와 지역민들간의 관계가 원활하지 못합니다. 또한 문화시설은 다양하지만 경제적인 부담때문에 이용에 어려움이 많습니다.

그러므로 지역민들이 학교에서의 만남을 통해 새이웃을 형성하고, 교양을 넓히며, 자기계발에 힘쓸 수 있는 여러 가지 프로그램을 계획하고 있습니다. 그중에서도 학자모의 부담을 줄이면서 홍미있고, 지속적으로 참여할 수 있는 동호취미교실을 시범적으로 운영하고자 합니다.

전창동 : 운영계획에 대하여 구체적으로 말씀드리면, 첫째, 학자모의 시민 정신을 함양할 수 있도록 지역사회교육운동을 이해시키고 매월 월례강좌를 운영하며 어머니신문을 발간할 예정입니다. 둘째, 취미교실기능을 향상시키기 위해 동호 취미교실을 개설하여 주 1호씩 운영하고자 합니다. 세째, 지역사회 봉사정신을 일깨울 수 있도록 명예교사활동, 불우학우돕기 및 고아원 · 양로원을 방문할 계획입니다.

김영옥 : 오늘 취미교실반을 조직하는 분주한 모습을 볼 수 있었는데 조직 준비과정과 앞으로 취미교실을 어떻게 이끌어 나가실 계획이신지 말씀해 주셨으면 합니다.

조영자 : 취미교실활동은 평생교육에 초점을 맞추어 자기계발을 꾀하고 학교와의 유대관계를 돈독히 하는데 목적이 있습니다. 본교 어머니회원들에게 요구 조사를 한 결과 회강자가 200여명으로 매주 금요일 14 : 00~16 : 00에 실시하고자 합니다. 취미교실 분야는 서예, 수예, 공예, 꽃꽂이, 신체조, 짓기, 합창반으로 7개반이 조직되어 있으며 되도록이면 참가자들의 부담을 줄이고자 회원중에

서 강사를 택하고자 합니다. 11월중에는 작품 전시회 및 바자회를 실시할 계획도 갖고 있습니다.

오종숙 : 전에는 회원들이 월례회만 끝나면 집으로 돌아갔었는데 지난번 후원회 주성민 총무님께서 지역사회학교 운영의 필요성을 강조하시던 강의를 듣고난 후부터는 회원들께서 끝까지 남아서 뭔가 배워가려는 배움의 열기가 높아지고 있습니다. 지난 취미교실 요구조사를 하였을 때는 희망자가 129명이었는데 오늘 200여명으로 늘어난 것으로 보아 회원들의 참여가 높아지고 있어 힘이 납니다.

김영옥 : 취미교실을 각분야별로 조직하려면 담당선생님의 지도만으로 어려움이 있으실텐데 다른 교직원들께서는 어떻게 도움을 주시고 계신지요.

김선구 : 시범 학교를 운영해 나가려면 교직원들의 협조가 무엇보다도 중요한데 다행히도 저희 학교 교직원들께서는 협조를 잘 해주시고 있습니다. 지역사회학교 운영회를 총괄적으로 담당하는 선생님이 있고, 어머니회 담당교사와 취미교실 담당교사가 있어 업무를 분담하고 있습니다. 이번 취미교실 조직도 각 분야별, 지도교사가 있어 조직의 취지를 설명하고 분야별로 회장을 뽑는 일을 도와주기도 하였습니다.

교양강좌를 교무실에서 운영해야 하는 번잡함이 있으며, 매달 강사초빙에 따른 재정부담의 어려움이 있습니다. 그래서 지역사회내에서 그리 큰 부담이 없는 자원인사를 발굴하여 자원인사 활용카드를 만들어 보고자 많은 노력을 기울이고 있습니다.

김영옥 : 5월중 계획하시고 계신 프로그램은 어떤 것이 있으며, 어머니신문 발간에 대한 말씀도 해주셨으면 합니다.

유애선 : 5월은 가정의 달이기 때문에 학부모도 함께 참여하실 수 있는 프로그램으로 민속체육대회를 마련하였습니다. 이날 학교를 소개하는 책받침을 만들어 나누어 줄 생각입니다. 또한 봉사활동으로 어머니 1일 명예 교사를 위촉하여 아이들의 질서지도를 돕고자 합니다. 어머니 신문은 취미교실의 짓기반 회원님께서 편집위원이 되셔서, 4절 4면으로 년 2회 발간할 예정입니다.

김영옥 : 회원들이 430명이면 상당히 많으신데 회원관리는 어떻게 하고 계신지요.

오종숙 : 운영회를 잘 이끌어 가려면 무엇보다도 회원들의 관리가 중요한 과제라고 봅니다. 회비만 내고 마는 회원이 아닌 회원들이 권리를 찾을 수 있도록 취미교실과 여러가지 프로그램을 마련하여 참여

하실 수 있도록 해주고 있으며, 담당선생님과 임원님들께서 회원들에게 회원증을 발급하여 회원증만 있으면 할인혜택을 받을 수 있는 방법도 연구하고 있습니다.

김영옥 : 운영회는 어떻게 조직되어 있으며 운영하시는데 애로점은 어떤 것이 있으신죠.

전창동 : 운영회 조직은 회장, 부회장, 총무, 서기, 감사, 그리고 6개의 분과위원회가 있고, 학년별 학년 회장이 있어 사업을 효율적으로 잘 추진해 나가고 있습니다. 애로 사항으로는 강당이 없어서 교양강좌를 교무실에서 운영해야 하는 번잡함이 있으며, 매달 강사초빙에 따른 재정부담의 어려움이 있습니다. 그래서 지역사회내에서 그리 큰 부담이 없는 자원인사를 발굴하여 자원인사 활용카드를 만들어 보고자 많은 노력을 기울이고 있습니다.

김영옥 : 앞으로 지역사회학교 운영회를 어떤 방향으로 이끌어 나가고자 하시는 지요?

김한표 : 운영회장단과 회원들께서 학교환경에 많은 도움을 주고 계십니다. 이제 학자모님들께서 도움만 주는 학교가 아니라 학교가 학자모님들께 도움을 줄 수 있도록 취미교실을 비롯하여 많은 프로그램을

계획하였는데, 회원들께서 꾸준히 참여할 수 있도록 잘못된 점을 시정해 가면서 운영하고자 합니다. 내년쯤에는 그간 운영한 것을 그대로 보여주는 공개 발표회를 갖을 계획입니다. 발표후에도 지속적으로 운영될 수 있도록 이끌어 나가고자 합니다.

김영옥 : 오늘 좋은 말씀 감사했습니다. 홍덕 지역주민의 성장발전, 학교발전, 지역사회 발전을 꾀할 수 있는 시범 지역사회학교 운영이 되시기 바랍니다.

3.
음성 대소초 지역사회학교
– 노인건강교실과 어머니 원예교실 운영

장병찬 (대소초교 교장)

1990년 11월 8일 오후 2시 후원회 관계자, 연구자, 협의회장단, 시범학교장, 장학사, 운영회 임원 총 30명이 참석한 가운데 지역사회 어버이교실

에서 중간 보고회를 가졌습니다. 농촌형 도지정 시범학교이며 후원회 연구학교인 대소지역사회학교는 1년간 "지역사회교육을 위한 여가시간 활용방안"이란 주제로 어려운 농촌 실정 속에서도 지역사회교육을 꾸준히 실천해 온 내용을 비디오로 보고하였습니다. 운영회원과 아동들이 함께 재배한 국화전도 함께 열어 찬사를 받았습니다.

중간 보고회 내용이 '새이웃 221호'에 게재되어 전국 지역사회학교에 홍보가 되기도 하였습니다.

```
                                                    1990. 12.
                                                    사례발표

1. 운영과제(Ⅰ): 애향정신 고취      ② 영농기계 기술지도
   1) 주민정신 교육              ③ 영농교실 운영             농촌형 활동보고
      ① 내고장 사랑 실천          ④ 영농교실은 농한기에 실시
      ② 공중도덕 앙양
      ③ 부모역할 훈련         3. 운영과제(Ⅲ): 다듬는 학교풍토   지역사회교육을
      ④ 전통예절 교육                     조성                위한 여가시간
   2) 봉사활동 전개              1) 동문회 조직운영            활용방안
      ① 조기청소 활동              기별 등창회 활동: 모교 평생교
      ② 1일 교사제 실시                        육의 장으로   충북 음성 대소지역사회학교
      ③ 농번기 일손돕기                        활용
      ④ 경로사상 고취            2) 농공 산업체 협의회 조직운영
                                 ① 운동
2. 운영과제(Ⅱ): 취미신장교실 운영    ② 공장견학
   1) 어머니 취미교실              ③ 자원사업
      ① 서예교실                 ④ 정신병원 자매결연
      ② 원예교실
      ③ 독서교실              4. 운영상의 문제점
      ④ 가창교실                 1) 사회 건적자원 물색곤란
      ⑤ 건강교실                 2) 취미신장의 여가시간 부족
   2) 아버지 영농교실              3) 농·동산업 협의회 확대운영 추
      ① 특산물 재배 기술방법지도    진곤란
```

출처: 한국지역사회교육협의회, 새이웃 221호, 1990년 12월호

■ 노인 건강교실

역사회교육의 일원으로 노인 건강교실을 개설하고 게이트볼 경기 프로그램을 도입하여 널리 보급한 결과 즐겨 운동하며 게임에 흥미를 가지게 되었다.

건전 게이트볼 운동기구 1셋트(50만원)를 구입하였고 케이트볼 경기장 조성은 본관뒤 200평 부지에 점토와 마사 흙을 15차를 깔고 중장비로 다지어 일류 정구장 못지 않게 말끔히 닦고, 비닐끈으로 줄을 그어 놓는 등 만년경기장을 만들어 제공하였다.

현재 30명 회원이 구성되어 있으며 임원진을 조직 하고 매주 수요일 오전을 운동의 날로 정하여 모두 함께 심신을 단련하며 한결같이 즐기고 있음은 매우 보람된 기쁨을 나누는 새 이웃이 되었다. 또한 경기장 옆에 등나무 휴게소가 있어 땀을 씻으며 편히 쉬면서 정담을 나누는 안락처를 제공하므로 노인 회원 모두가 학교에 고마움을 더욱 느끼고 있다.

본교 직원은 앞으로 더 많은 노인이 참여하고 같이 즐겨 운동하여 만수무강의 장을 펴낼것을 모두 입을 모았다.

■ 어머니 원예교실

서영호 교감 선생님의 지도 아래 어머니 원예교실 회원들은 매주 금요일날 국화재배의 날로 정하고 취미활동에 일을 올리고 있다.

작년도에 익힌 재배기술로 금년도에는 대륜대작과 현애작을 1인1분씩 재배하여 가을에 국화 전시회를 개최하여 각자 나름 대로의 솜씨자랑을 할 것을 생각하니 지금서부터 마음이 마냥 즐겁기만 하다. 하루속히 병없이 잘 자라서 만개한 국화꽃과 향기를 자식들과 감상 하기를 손꼽아 기다리는 마음 간절하다.

4.
충주 예성중학교 – 지역사회와 서로 돕는 학교
– 어머니교실 운영을 중심으로 –

■ 어머니 교실 운영을 통해 평생교육을 실천하다

"지역사회교육의 실시는 서로간의 만남을 통하여 이웃간의 결속을 공고히 했고 지역공동체의식을 형성케 하여 건전한 시민사회를 이루는데 도움이 되었다."

본교는 1981년에 개교한 신설교로 10년이라는 짧은 역사를 갖고 있으나 오랜 역사를 가진 타교에 비해 결코 뒤지지 않는 알찬 교육의 장을 펼쳐 왔다고 자부한다.

18학급으로 출범하여 27학급으로 늘어났고, 호암지가 내려다 보이는 수리한 경관 속에 자리잡은 환경은 면학 분위기 조성 및 학생들의 정서 함양에 키다란 보탬이 되고 있으며, 체계적이고도 지속적인 독서지도는 학생들의 가치 기준 확립 및 사고력 향상에 크게 이바지했다고 생각된다. 학력향상에 부단한 노력을 경주 했음은 물론 체력향상을 위한 각종 행사에도 남다른 관심을 기울여 왔다. 특히 육상 및 체조부의 성장은 괄목할 만하여 체조부의 경우 6명 전원이 도대표로서 학교의 자랑이자 지역 주민들의 아낌과 사랑을 받고 있다. 최근에는 축구부를 창단하여 불모지에 가까운 여자 축구의 저변 확대에 일익을 담당하고 있다.

본교가 충청북도교육청 지역사회학교 시범교로 지정된 것은 1990년 3월, 증가하는 학생수로 특별교실이 일반 교실화 하는 등 유휴교실이 부족한 어려운 여건 속에서 였다.

1차년도에는 지역사회학교 시범운영을 위한 활동 기반 조성에 주력하였고 2차년도인 1991년에는 "어머니교실 운영을 통한 지역사회교육의 활성화 방안"이라는 주제로 10월 29일 운영보고회를 가졌다. 시범운영의 대상은 조직 운영상 본교 재학생 어머니로 하였고 그밖에 어머니 회원들의 홍보에 따라 자율적으로 참여하는 지역주민 에게도 문을 열어 두었다.

운영의 중점은 지역사회학교 활동 기반을 구축하여 공동체의식 높이기, 교육환경개선을 통한 즐거운 학교 만들기, 그리고 어머니교실프로그램을 통한 사회교육 실천에 두었다. 그리고 이에 맞추어 테니스 · 요가체조 · 서예 · 공예 · 민화의 5개 교실을 운영하였는데, 학교시설 설비의 개방은 학생들의 학습 활동에 지장이 없는 범위내에서 이루어져야 했으므로 다소의 조정이 필요했다. 그러나 사회교육 프로그램의 전개는 운영위원회를 중심으로 지역주민의 능동적인 참여와 주도로 활동이 이루어지도록 유도하고 학교는 다만 안내 지원하는 입장을 취하였다.

취미교실 운영에 있어서는 열정적으로 참여하는 인원이 많다. 모범적으로 운영되었던 테니스 교실은 회원들이 작품 제작에도 참여하며 성공적인 운영을 보여주었다. 테니스장의 정비 및 관리는 주부들이 맡았는데, 언제나 깔끔하게 유지되어 경탄을 자아내기도 했다. 테니스장은 웃음이 혼합되었고 즐거운 분위기 속에서 기량을 쌓았으며, 수시로 테니스 대회를 개최하여 회원 상호 간의 친목과 우의를 다지는 계기가 되었다.

서예교실은 관심도는 높았으나 단기간에 가시적 효과를 보기 어려운 탓인지, 기능이 있는 일부 회원 외에는 참여율이 다소 떨어졌다. 하지만 꾸준히 참여한 회원들은 만족스러운 성과를 올릴 수 있었다.

공예교실에서는 동판공예, 등공예, 목각, 양초공예, 꽃꽂이 등이 다루어졌는데 장식성과 실용성을 겸할 수 있어 회원들의 참여가 매우 열성적이었다. 민화교실은 회원의 범위가 점차 확대되며 지역사회교육의 기회를 넓힌 대표적인 프로그램이었고, 참가자와 자원봉사자가 혼연일체가 되어 운영되었다.

요가체조교실은 건강생활을 위한 프로그램으로 반응이 좋고 호응도 높았으나, 유휴교실 부족으로 방학 기간 중에만 운영할 수 있었던 점이 아쉬웠다. 그럼에도 불구하고 참여 범위가 넓었고, 찌는 듯한 여름더위에도 불구하고 모든 참가자와 자원봉사자들이 열정적으로 참여했던 모습은 인상적이었다.

이와 같은 지역사회교육의 실시는 이웃 간의 만남을 통해 결속을 공고히 했고, 지역공동체 의식을 형성하여 건전한 시민사회를 이루는 데 기여했다. 학교·가정·지역사회의 공동 참여와 협조는 청소년 프로그램 운영과 교육환경 개선에 효과를 가져와, 학생들에게 심리적 즐거움과 만족감을 심어주어 보다 즐거운 학교생활이 가능하게 했다. 또한 지역 주민의 취미를 살린 여가선용은 건전한 생활체험의 장이 되어, 보다 능동적이고 긍정적인 생활 자세를 확립하는 데 기여하였으며, 참여를 통한 즐거움과 보람을 느끼게 했다.

학교의 역할은 안내와 보조에 머무를 수 없었고, 적지 않은 수고가 필요했지만, 지역사회교육을 통해 발견한 기쁨과 보람은 그 무엇과도 바꿀 수 없는 값진 것이었다. '90년과 '91년에 걸쳐 체득한 경험을 바탕으로, 금년에는 학부모 컴퓨터교실을 운영할 계획이며 현재 참가 신청서를 받고 있다. 과학기계문명이 눈부시게 발전함에 따라 소외될 가능성이 있는 가정주부들에게 첨단기술이라 할 수 있는 컴퓨터 교육을 실시하는 것은 의의가 크며, 많은 성과를 거둘 수 있으리라 믿는다.

■ 한마디 평 – 어머니 교실에 풍성한 열매를

허 작 / 서원대학교 평생교육원장 (지역사회교육 충북협의회 자문위원)

사회가 빠르게 변화하고 있다. 어머니의 역할이 자녀 양육을 중심으로 한 가사로 충분하던 시대는 벌써 지나갔다. 학교 발전을 위한 노력은 정부와 교장선생님을 비롯한 학교 관계자의 몫이라고 생각하는 관념도 이미 낡은 것이다. 변화를 알면서도 이에 대처하는 자세가 능동적이지 못할 때 자아실현은 물론이고 사회 발전도 기대하기 어렵다. 예성여중이 어머니교실 운영을 주축으로 교육환경 개선을 이룩하고, 건실한 교육 프로그램을 운영함으로써 어머니 자신의 성장을 향상시키고 있는 것은 우리 모두의 칭송을 받아 마땅하다. 지역사회학교의 건설은 말로써, 행사로써 이루어지는 것이 아니다. 지역사회 주민, 특히 어머니들이 학교를 사랑하고 즐거운 학교 만들기에 참여함으로써 그 발판이 마련되는 것이다. 평생교육도 거창한 구호와

생소한 이론으로 되는 것이 아니라, 어머니교실 같은 배움의 모임이 퍼져나갈 때 그 성과를 거두리라. 작은 일에서부터 봉사함으로써 학교 사랑을 몸소 실천하고, 계속적인 자기 향상을 위해 소박하게 출발한 이 어머니교실이 더욱 풍성한 열매를 맺기를 기원한다.

▶ 허작 교수님은 저를 평생교육사의 길로 이끌어 주신 청주사범대학 교육학과 스승님이시다.

앞에서도 언급했지만 평생교육의 중요성을 깊이 인식한 허 작 교수님은 1984년 당시 사회교육전문요원 양성 과정을 청주사범대학에 도입하시어 학생들에게 평생교육사의 길을 열어 주셨습니다.

그 첫 번째 수혜자가 바로 저입니다. 자격증을 취득한 것도 감사한데 1987년에 현대그룹 정주영 회장님이 운영하는 한국지역사회학교후원회에서 평생교육사로서 전공을 살려 즐겁게 일할 수 있도록 해주셨으니까요.

한국지역사회교육 충북협의회 자문위원 역할을 맡아 서원대 평생교육사 과정생을 중심으로 '서원 젊은 새이웃' 결성하는데 도움을 주셨고 잘 운영될 수 있도록 지도를 해주셨습니다.

제가 박사 과정을 수료한 다음 해인 2010년 교수님은 서원대학교 평생교육사 양성 과정에서 강의할 수 있도록 또 한 번의 길을 열어 주셨습니다. 당시 저는 공무원 신분이어서 근무 시간에 강의를 할 수 없었기 때문에 주간 강좌를 야간에 열어 주시면서까지 기회를 만들어 주셨습니다.

스승님의 제자 사랑이 교수로서 첫 발을 내딛을 수 있게 하였습니다.

교수님 영향력으로 서원대학교 사범대학생들이 평생교육사 자격을 취득하고 전국 각지에서 평생교육사로 활약하고 있습니다.

그리고 이제는 성인들이 평생교육사를 취득하여 N번째 인생을 설계하며 길을 만들어 가고 있습니다.

출처: 한국지역사회학교후원회, 새이웃 1992년 4월호

■ 지역사회와 서로 돕는 학교
– 학생, 학부모, 교사가 함께 참여하는 종합 예능 발표회인 "모시래 축제"를 개최

류화림 (예성여중 지역사회학교 담당교사)

　본교는 충주시 호암동에 소재한 24학급 규모의 51명의 교직원으로 조직된 개교 10돌의 역사를 지닌 학교이다.
　1990년 3월 충북교위지정 지역사회교육 도시형 시범학교로 지정되어 지금까지 2차년도 연구기간 중에서 그 1차년도 활동을 전개하여 왔다. 지역사회학교 운동이 곳곳의 여러 학교를 중심으로 활발히 전개되고 있음에도 불구하고 아직은 일반화 되지 못한 상황에서 우선 본교 교직원의 확실한 인식과 신념, 그리고 학부형님들을 중심으로 한 계도와 참여유도가 핵심관건이라는 생각으로

첫째, 지역사회학교 활동 기반의 조성

둘째, 지역사회의 학교교육 참여 확대

셋째, 평생교육을 위한 어머니교실 프로그램 전개, 이상 3가지를 중점과제로 선정하여 노력하였다.

교직원 현직 연수와 학부모, 지역주민, 학생을 대상으로 연중 계도 활동을 전개하고 학부모-교직원과의 간담회를 통한 지역사회와 서로 돕는 학교의 운영에 따른 학교행사의 공동참여를 유도하고 대화의 장과 기회를 설정하여 신뢰받고 지역사회와 협력관계를 유지하는 학교 교육이 이루어지도록 하였다. 또한 학생의 자아성장에 이바지하는 학부모의 교육활동으로 지난 2학기에 걸쳐 1학년 409명을 대상으로 학부모의 학생 상담 활동인 '사랑의 대화 교실'을 운영하였으며, 교내 체육대회 및 야영활동을 통해 학생과 학부모가 함께 하는 학교 행사와 교문 진입로 주변 정화 작업과 장학회 운영으로 교육환경개선에 힘써 왔다.

평생 교육을 위한 프로그램으로 지역사회학교 요구조사를 실시, 실태를 분석하여 학교 및 지역사회의 활용가능한 자원을 고려하여 교양활동 으로는 교양강좌, 부모 역할교육, 견학, 어머니회원 작품전(충주, 중원, 연합 활동)을, 취미활동으로는 테니스, 서예, 합창 등 3개 취미교실반을 개설 운영하고 체육활동으로는 지역주민을 대상으로 조기 체조회를 전개하였다.

특히 1년차 활동을 평가하는 계기로 지역시설기관인 문화회관에서 91. 2. 11~12(2틀간)에 걸쳐 작품전시회 및 발표회를 준비하여 학생-학부모-교사가 함께 참여하는 종합 예능 발표회인 "모시래 축제"를 개최하게 되었다. 이 축제는 지역사회학교의 활동을 널리 홍보하고, 공동체를 이루는 기쁨과 발표기회의 확대로 평생교육에 대한 관심과 중요성을 다시금 느끼게 해주는 좋은 계기가 되어 주었다.

아직은 엉글고 미흡한 점이 많지만 1차년도 운영중에도 여러가지 가시적인 효과를 확인할 수 있어 보람된 점도 많았다고 생각한다 앞으로 계속 다듬고 노력하여 91학년도에는 더욱 효과적이고 지속적인 활동이 되도록 애쓸 것을 다짐해 본다.

■ 예성여중 라보 입문강좌

1992년 7월 8일, 예성여중 호원 50명이 참석한 가운데 라보(영어 율동) 입문 강좌가 열렸다. 강의를 맡은 송정 라보 강사는 청소년들의 건전한 오락문화 조성을 위한 라보의 중요성을 강조하며 실습을 진행하였다.

5.
제천고 - 학교시설 개방을 통한 어머니의 역할 기능 신장 방안

김국진 / 교사

1. 운영의 목적

가. 평생교육 기회의 제공

　제한된 시간만 사용되는 학교시설물을 개방하여 지역사회 주민들로 하여금 활용토록하여 평생교육의 기회를 제공한다.

나. 여가선용의 실현

　어머니의 역할 교양교육 및 취미·체육활동을 통하여 자기계발과 자녀교육 및 건전가정 육성으로 지역사회 발전에 기여토록 한다.

다. 좋은학교 만들기

　주민과 학교가 긴밀하게 협력하여 청소년들이 건전하게 성장할 수 있는 교육환경을 조성하고 청소년을 선도할 수 있는 기회를 마련한다.

2. 실행과제

가. 지역사회학교운동의 인지

　　1) 지역사회학교운동의 인지

　　2) 기존학교 어머니회를 중심으로 한 지역사회학교의 운영조직

나. 교육프로그램의 구안전개

　　1) 전교생 어머니교육 프로그램 운영 2) 학교 어머니회 교육 프로그램 운영

3. 대상 및 기간

가. 대상: 학교어머니 전원

나. 기간: 1990. 3. 1.~1992. 2. 28.(2년간)

4. 예상되는 성과

가. 교양강좌를 통해 자기계발, 자녀교육, 건전가정 육성에 도움을 준다.

나. 만남을 통해 새로운 이웃이 형성되고 화합의 계기가 된다.

다. 취미활동과 체육활동은 어머니들의 자기발전과 건강증진 및 새로운 삶의 즐거움을 갖게 한다.

라. 자녀들의 어머니에 대한 시각이 가사만 돌보시는 어머니에서 공부하는 어머니로 바뀌짐으로 어머니에 대한 존경심이 높아지고 자랑스러워 한다.

마. 교사와 자모들이 자주만나 상담할 수 있어 자녀교육과 학생생활지도

에 많은 성과가 기대된다.

바. 배움을 통해 자신감을 갖게되며 자기성장에 대한 자긍심이 생긴다.

■ 제천(고)지역사회학교 – 현대사회의 어머니상 정립

윤형로 / 교사

제천고 지역사회 학교 어머니회에서는 9월 월례회의 행사 일환으로 서원대 명예 교수인 조영옥 선생님을 모시고 "현대 사회의 어머니상"이라는 제목하에 지역사회 학교 가입교중의 하나인 입석 국민학교 (제원군 소재) 어머니회와 합동으로 본교에서 강연회를 개최하였다. 급속히 발달 변모해 가고 있는 현대사회에서 교육의 주체는 가정 그 중에서도 어머니가 되어야 하며 인간다운 자녀를 기를수 있는 어머니는 스스로 공부하고 연구하는 어머니여야 한다는 내용이었다.

다음으로 "지역사회 학교 운동"이라는 VTR을 시청한 후 본교 교장선생님(심태섭), 교감 선생님(최재순)과 어머니들은 학교와 지역사회의 발전을 이룰 수 있는 내용에 지대한 관심을 갖고 서로 토론하는 아름다운 광경도 볼 수 있었다.

앞으로는 지역사회 학교들간의 교류를 통하여 지역사회와 학교의 발전을 이룰 수 있는 기회가 주어지기를 바라고 있다.

제4장

—

평생교육 시범 및
시군 지역사회학교 육성(2)

1.
1992년 지역사회학교 시범학교 - 영동초교

전통예술교실 운영으로 지역사회에 꿈을 심다

김백헌 (영동초교 / 연구주임)

I. 왜, 우리는

영동은 3대 악성중의 한 분인 난계 박연 선생이 태어나신 고장으로 난계 국악당이 건립되어 있고 난계국악단이 1991년 5월에 창단되어 전통예술 -단소, 피리, 가야금, 농악, 시조, 사물놀이 등을 유지 전승 발전시키려는 노력이 활발히 전개 되어 있고 따라서 군내 전 학교에로 파급되고 있는 중이다.

매년 추석이 지나 난계 예술제가 시작되면 전국적인 규모의 시조경창, 가야금연주, 휘호대회, 수석, 분재, 한국화, 전시회, 제기차기, 줄다리기, 농악경진, 탈춤 등이 감나무 가로수와 어우러져 완전히 군민 축제로 전통예술 활동이 이루어지고 있다. 그러나 예술제는 주최하는 기관과 몇사람의 전문 기능인 그리고 일부의 초·중·고 학생들이 참여 할 뿐 나머지 주민들은 구경거리나 흥행으로만 즐기고 있을뿐 직접 자기가 해 보아야겠다는 참여의식이나 우리 고장의 전통에 대한 자긍심이 미흡했던 것이 현실이다.

본교는(교장 송진하) 1992년 3월에 도지정 지역사회 학교로 지정 받은 후 이러한 지역 실태를 학교 교육에 흡인하여 지역사회 교육의 목적을 달성하기로 하였다.

II. 운영 사례

학년초 어머니회원(회장 김재숙)에게 전통예술에 대한 여러가지 활동 영역을 설문지로 배포하여 참여를 희망하는 회원을 조사하여 6개의 전통예술 교실을 조직하였다. 시간은 매주 금요일(14:00-17:00) 주 1회이고 기능이 본교 교사와 지역사회의 지원인사를 발굴하여 지도하기로 하였다. 이와 같이 해서 조직된 탈춤, 서예, 목공예, 매듭, 지점토, 한국화등 6개 전통예술 교실 운영은 농번기, 혹서기, 장날등을 피해야하고 능력의 개인차로 인한 지도의 어려움과 가시적 효과를 얻기가 어려워 배울의욕과 출석 부진등 애로가 있었으나 차츰 작품의 수준이 향상되고 단순한 호기심에서 긍지를 가지는 회원이 많아지기 시작하면서 열기가 높아졌다.

한국화 교실은 총 18명의 회원중 3명의 회원이개인전을 꼭 열어보겠다고 결의를 다지고 있다.

탈춤교실은 처음에는 어색한 몸짓으로 부끄러워하고 아이들이나 교사들이 보고 있으면 동작을 멈추고 얼굴을 가리기도 하였으나 지도교사(오영희)의 열성으로 올해 가을 운동회에는 찬조출연까지 했고 연습과정과 실연과정을 녹화하여 한편씩 기념으로 나누어 가지는등 회원들 스스로 탈춤 과정을 기획하고 연출하는 일까지 추진되고있다.

능력의 개인차로 인하여 출석이 저조하던 서예 교실(실장 전경혜)은 회원끼리 자발적으로 친목계를 조직하여 유대의 끈을 보듬고 일주일에 1회의 출석은 물론 방학중에는 1주일의 특별활동으로 기능 심화 훈련을 가지는 등의 기능 수련에 힘쓴 결과 연습한 종이가 한 아름씩 되니 수준의 향상은 물론이고 가장 출석이 좋고 열성적인 교실이 되었다.

2. '92년도 도교육청 지정 시범 지역사회학교 – 청주농고, 진천덕산중

■ 청주농고 지역사회학교 개교식

1992년 4월 20일 오후, 청주농업고등학교 강당에서 회원 100명이 참석한 가운데 지역사회학교 개교식이 열렸다. 안효영 교장의 인사말과 권성호 지도보급부장의 격려사에 이어 현판식을 진행하며 지역사회학교로 정식 발족하였다. 이어 김근세 협의회장은 '지역사회교육운동의 과제'라는 주제로, 지역사회교육운동의 필요성과 방향에 대한 강의를 하였고, 회원들의 이해를 돕기 위해 '밝은 지역사회, 활기찬 학교'라는 교육영화를 상영하였다. 회원교육을 마친 후 임원 선출이 있었으며, 담당 교사의 지역사회학교 운영계획에 대한 설명도 이어졌다. 본교는 도 지정 지역사회학교 시범학교로서,

분재, 수경재배, 버섯재배 등 다양한 프로그램을 운영하며 모든 시설과 인적 자원을 인근 주민들에게 최대한 개방할 예정이다.

■ 도교육청 지정 지역사회학교 시범운영 보고회 – 청주농고에서 개최

10월 29일 도교육청 지정 지역사회학교 시범운영 보고회가 충북지역사회교육 관계자 120명이 자리한 가운데 청주농고에서 열렸다. '92년도 도교육청 지정을 받고 지난 2년간의 지역사회학교 활동을 보고하는 자리였다.

등록처 현관 입구부터 우리나라 지도 모양의 국화와 행사를 알리는 이색적인 포스터들로 참석자들의 환호를 자아냈다. 복도에 전시된 사진과 꽃꽂이 그리고 회원 작품 전시장이 마련되었는데 이날 마침 본교 학생들의 농원전까지 함께 어우러져 강당 안이 더없이 풍성하였다.

또한 공개 발표장에서는 난 가꾸기와 분재 가꾸기, 덕산중 회원의 꽃꽂이 수업이 공개되었고 농업박물관에서는 농업용구가 잘 정리되어 우리 농업 역사를 한눈에 알아볼 수 있었다.

관람에 이어 청주농고(교장 박정서)와 덕산중(교장 이주원)의 두 연구주임이 자료를 통해 활동 보고를 하였다. 청주농고 지역사회학교는 '교육시설 개방활용을 통한 지역사회교육의 활성화 방안'이라는 주제로 농고가 갖고 있는 시설 및 인적자원을 최대한 지역주민에게 개방하여 주부교실 등을 운영하였으며, 덕산중 지역사회학교는 '주민의 학교교육활동 참여를 통한 효율적인 지역사회학교 운영'이라는 주제로 어머니 취미교실, 노인교실을 운영하였음을 보고하였다.

이날 마지막으로 정철진 중등교직과 장이 지도조언을 통해 지역사회교육운동의 필요성을 강조함으로써 지역사회 학교의 활성화를 새 지표를 마련하였다.

■ 청주농고 난 재배교실

1992년 7월 13일, 청주농고에서 회원 50명이 참석한 가운데 이영기 교사의 강의로 난 재배교실이 열렸다. 지역주민들은 난의 종류, 재배 방법, 관리 요령 등을 배우며 실습 중심의 수업에 적극적으로 참여하였다.

■ 청주농고 지역사회학교
- 가족농업교실에 참여하고 나서 …

최영분 (한국 시찌다교육원 서청주교실 원장)

　지역사회교육충북협의회 주최로 청주농고와 농업박물관을 견학하는 가족농업교실이 있다는 것을 한 주간정보 신문에서 보고 1992년 8월 2일 참여하게 되었다.
　나는 중학교까지 농촌에서 자랐지만, 도시에서 태어나 자라나는 아이들은 아무래도 농촌과 농업문화를 접할 기회도 드문데다가 시골 외가에 가도 요즈음은 여러모로 현대화가 되어 조상전래의 숨결을 느끼기에는 뭔가 부족한 느낌이어서 기대가 컸다.

총 6만여 평에 농장. 과수원. 온실. 실험실습실. 목장 등이 있는데 내년에는 정부의 보조로 덴마크에서와 같은 최신 설비의 실습실을 갖추게 되리라고 한다.

곧 담당선생님의 안내로 발길을 옮겼다. 탱자나무 울타리에 둘러싸인 과수원에는 포도와 배가 흰종이에 싸인채 탐스럽게 매달려 있었다. 탱자나무가 귤나무를 접붙이는데 꼭 필요하다는 걸 오늘 처음 알았다.

후문 쪽으로 더 내려가니 여러 개의 온실이 있었다. 무균배양을 한다는 난 재배실, 메리골드(금송화), 국화, 베고니아. 고구나무 등을 삽목해 놓은 온실, 소나무, 은행나무, 모과나구 등을 분재해 놓은 분자원, 밀감, 고무나무, 바나나 등이 자라고 있는 열대온실 등. 바나나는 우리나라에서 재배하려 해도 비용이 많이 드니까 사과. 배 등 국산과일을 많이 먹자는 말씀이 계셔서 더욱 흐뭇했다.

이어 농업 박물관으로 출발! 착물관 옆 뜰에는 큰 물레방아와 방앗간이 있어서 아이들이 아주 좋아했다. 곁에는 연자매가 있고 디딜방아는 박물관 안에서 보았다.

박물관을 직접 꾸미시느라 전국을 몇 차례나 돌아 다니셨다는 선생님께서 직접 설명하여 주시어 더욱 실감이 났다.

전국 각지의 호미분포도. 소가 쟁기를 끄는 모습, 곰방매(흙부수기. 덮기. 고르기). 농촌에서 어린시절을 보냈으면서도 잘 모르던 많은 것을 보고 배웠다. 또한 아이들에게 엄마의 어린시절과 함께 농업용구를 설명해 주었다.

마지막으로 안내된 온실에는 몇 가지 모종이 있었다. 우리 견학단을 위해 특별히 준비해 주신 것이라고 한다. 모종 옮겨심기에 대한 주의 말씀을 듣고 토마토, 메론, 오이, 케일 등 가족별로 몇 그루 심어 가지고 흐뭇한 마음으로 인사를 하고 헤어졌다.

후문 가까운 논에서 쑥쑥 자라나는 벼를 보니 힘이 절로 솟았다.

우리집에서는 가져온 모종을 화분에 옮겨 심어 놓고 아이들과 물을 주면서 즐거움으로 지켜본다. 어서 빨리 자라나서 풍성한 열매가 맺기를 기도하며!

■ 충북인이 함께 생각해야 …

안효영 (청주농업고등학교 교장 / 전 도교위 학무국장)

우리나라 교육개혁의 기본방향 탐색에서 가장 근원적이고 심각한 한국교육의 문제는 "개성이 무시되는 획일적인 교육", "입시위주의 교육", "비인간적인 교육환경"의 세가지로 요약할 수 있다고 지적된 적이 있다.

그 중에서도 비인간적인 교육 환경을 생각해 보자. 이 문제는 교육환경이 비인간적이라고 하는 것으로 이는 쾌적하고 즐거운 학교, 공부하고 싶은 학교 환경과 반대되는 환경을 말하는 것이다.

즉 교육의 효율성을 고려치 못한 수용 위주의 과밀학급·과대규모학교, 가정과 사회의 시설보다 낙후된 전근대적인 시설, 점수 경쟁 일도치의 교육 풍토, 교사의 소명 의식 결여 등이 바로 그것이다.

이러한 환경으로 말미암아 교육을 받은 학생들은 학교생활에 대한 압증과 불만이 미만하게 되고 스승과 제자간에 인격적 만남이 이루어질 수 없으며, 소외감과 저항 의식을 갖게 된 나머지 비행청소년 문제라는 커다란 사회문제까지 배태하게 된다는 것이다.

이와같이 교육환경이 황폐하게 된 원인으로는 교육인구의 양적 팽창에 못미치는 교육투자, 학교주변의 유해업소, 불건전한 대중매체의 기감, 학교와 가정간의 연계부족, 교직의 사회·경제적 지위격하 등을 들 수 있다고 보고 있다.

여기에서 그 해결방안을 강구한다면 가장 근본적으로 확대 접근할 일이 학교와 가정의 연계를 어떻게 효과적으로 하느냐?" "지역사회주민들이 스스로 교육환경 개선에 적극 참여 노력하느냐?" 또한 학교가 독자적 해결책을 모색하는 것이 아니고 학교·가정·사회의 상호작용으로 공동의식을 갖고 해결해야 하며 이 주도체제가 바로 지역사회학교 운동이 되어야 한다고 본다.

바람직한 인간의 육성은 사회전체가 교육의 기능을 발휘할 때만 가능하다. 따라서 가정과 학교 및 사회전체를 교육의 장으로 조성하고 평생 교육 체제를 확립해 나가야 하며, 이를 위하여서는 학교를 개방하고 지역사회인과 학부모들이 교육에 참여하고 가정-사회에 걸친 청소년 연계지도체제를 확립하고, 평생교육이 가능하도록 학교 교육기회를 개방하는 지역사회 학교 운동이 확대되어야 할 것이다.

교육의 궁극적인 목적은 「공동체형성」을 위한 인간교육이라고 할 수 있을 것이다.

인간은 사회적인 인격체로 타인들과 같이 그물처럼 얽혀서 상호관계를 형성한 가운데 개인이 성장·발달하며 나아가 사회와 국가도 발전한다는 것이다. 그런데 오늘날 현실적인 면을 보면 산업사회를 거치면서 여러 요인에 의해 가정·학교·사회의 공동체 해체현상을 초래하여 개인이 병들어 불행하고 사회가 병들어 건전하지 못하여 개인과 사회의 존립에 위협을 가하여 오고 있다.

가정관계의 해체는 곧 사회의 공동체의 해체로 이어지고 이는 모든 개인·학교·사회·국가의 병리현상의 근원이 되고있다. 따라서 개인과 가정·학교·사회·국가의 병리현상을 지양하고 건강한 상태로 회복하기 위해서는 어떠한 형태로든지 공동체의 재구성이 요청된다. 여기서 교육의 사회화가 필요하다고 본다.

교육은 성장하며 계속되는 사회화 과정이기때문에 인간교육의 최대 성과를 위해서는 교육제도가 연계성이 없이 운영되어서는 안되며, 사회 전체가 교육의 장소가 되어야 한다. 평생학습 할 수 있는 학습사회 풍토, 즉 평생교육의 이념에 입각 교육의 연계 및 통합을 이루고, 평생학습의 풍토 조성을 위한 방안으로 "학습사회의 구현"이 요청된다.

한편 교육의 역할은 먼저 학생들의 가정환경·가치·태도·정서등을 이해하고 그들의 성장발달을 돕기 위한 노력과 그리고 교원은 권위적으로 사회체제에 의해 일사불란하게 지식을 전달하는데 만 머물러 있는 것이 아니라 사회의 새로운 가치를 찾아내고 비판 의식속에서 사회 발전을 위한 창의적 개척적 역할을 수행해야 할 것이다.

교원의 역할이 학교 교육에서의 교수 기능뿐만 아니라, 사회발전을 위한 기능도 겸해야 한다는 것이다. 주민모두가 교육의 혜택을 받아 사회발전에 동참할 수 있도록 평생교육활동에 적극 참여하는 사람이다. 따라서 일정한 기간, 직전 교육만으로는 주어진 역할수행이 어렵기 때문에 교원들은 스스로 계속 공부하는 태도를 가져야 하며 인간 교육자, 지역사회 교육자가 되기 위해 지역사회학교 운동을 통하여 소신껏 노력해야 할 것이다. 이런 일연의 일들이 바로 학습사회 건설과 지역사회학교의 기능이라 볼 수 있을 것이다.

▶ 당시 청주농고 지역사회학교 시범학교 교사였던 이환호 선생님은 농고의 특성을 살려 학교의 자원을 지역주민에 개방하고 열성적으로 평생교육 프로그램을 운영했습니다.

분재교실, 난교실은 물론 농고안의 적은 규모이지만 도시에서는 볼 수 없는 각종 농기계를 볼 수 있는 농업 박물관을 주민에게 개방하고 체험하는 농업박물관 체험교실을 운영했습니다.

시범학교가 끝난 후에도 이환호 선생님은 평생교육에 매력을 느끼고 충북협의회 회원에 가입하여 사업 추진을 적극 도와주었습니다.

미적 감각이 뛰어나셔서 충북 시범학교, 지역사회학교가 평생교육 발표회를 하는 가을이 되면 발표회장을 멋지게 꾸며 주었습니다. 충북협의회 든든한 지원자가 되었습니다. 이사, 부회장 등 임원으로 활동하시다가 청주협의회로 개편된 후 4대 회장님으로서 지역사회교육운동, 평생교육 발전에 지대한 공헌을 하셨습니다.

또한 조경주 운영회장님은 지역사회학교 운영에 앞장서서 주민들의 참여를 이끌어 냈습니다. 청주농고의 특성을 살린 다양한 프로그램이 이루어질 수 있었던 것은 학교장, 담당교사, 운영회장의 3박자가 맞았기 때문입니다.

3. 충주시 중원군 우수 지역사회학교
– 충주여중 '가을학기 강좌의 문을 열며'

가을학기 강좌의 문을 열며

일시 : '89.10.14(토), 10 : 00

장소 : 충주여자중학교 교장실

참석자 : 진기두 교장
　　　　 김경원 운영회장
　　　　 류화림 교사
　　　　 김영옥 간사(기자)

　이른 아침부터 충주행 버스에 올랐다. 온 시야가 안개로 덮여 가을 경관을 한눈에 볼 수 없는 것이 안타까왔으나, 순간 순간 펼쳐지는 만삭의 가을

은 마음을 풍요롭게 한다. 1시간 반 남짓되었을까? 어느새 안개는 씻은 듯이 걷히고 맑게 개인 하늘아래 찬란한 황금 빛을 듬뿍 받으며 충주여중을 향해 발을 내딛을 수 있었다. 수업중이라 그런지, 여학교라 그런지 정돈 되고 정숙한 분위기에 마음이 차분해진다.

김영옥 : 안녕하십니까 ? 바쁘신 중에도 이른 시간부터 이렇게 자리를 해 주시어 감사합니다.
충주여중이 충주·중원에서 처음으로 지역사회학교 문을 열어 운영하시고 계시므로 충주의 모델 지역사회학교라고 해도 과언이 아닐것입니다. 지역사회학교로 문을 열고 있는학교에 도움이 될 수 있을만 한 효율적인 운영방안을 알고 싶습니다.

진기두 : 지역사회학교운동의 태동인 〈To Touch A Child〉라는 V.T.R에서 보면 알 수 있듯이 학교는 지역주민이 학교의 시설·인적자원을 최대로 활용할 수 있도록 적극 개방하여 지역주민 모두가 성장 발전할수 있도록 봉사하며 학교를 중심으로 학교와 지역사회가 유대를 강화하여 지역사회발전을 꾀하고 지역사회의 문제해결까지 적극 참여하는 일들을 해야 합니다. 그러기 위해서는 교장은 물론 담당교사와 어머니회 임원들의 열성이 중요합니다. 또한 모든 일은 교장 단독으로 처리해서는 안되며, 육성회,어머니회 등과 협의하여 이루어 진다는 일체감을 심어 주어야 합니다. 다행이도

저희 학교는 어머니 회장과 담당선생님께서 대단한 열의를 보여 큰 힘이 되고 있습니다.

김영옥 : 운영회는 어떻게 조직되고 운영되는지요 ?

류화림 : 회원은 본교 재학생의 어머니 120명으로 조직되어 있습니다. 우선 지역사회학교에 대한 회원들의 인식이 중요하므로 교사와 회원들에게 V.T.R과 유인물을 통해 이념보급의 기회를 자주 마련했습니다. 주요 사업으로는 지역주민과 학교발전을 위한 사업과 회원 상호간의 유대 강화 사업, 그리고 자기계발 사업을 하고 있습니다.

김영옥 : 최근에 하신 구체적인 사업을 말씀해 주셨으면 합니다.

김경원 : 회원들의 평생학습의 場을 마련하고자, 지난 10월 10일부터 취미교실반을 개설하였습니다. 회원들에게 요구조사를 하여 5개반을 조직하였는데, 처음이라서 지역사회학교에 대한 인식 부족으로 우선 2반만 문을 열었습니다. 이제 회원을 학부모만 국한시키지 않고 지역주민까지 확대하여 수강신청을 받고 있습니다. 참여하시는 분들은 보람을 느끼고 계시니 잘 되리라 믿어집니다.

김영옥 : 지역주민에게 학교를 적극적으로 개방하시고 계시다고 들었는데 주로 어떻게 개방하시고 계신지요?

진기두 : 조금전 어머니 회장님께서도 말씀하셨듯이 방과후에는 어머니회 원들에게 특별실을 개방하고 있고,아침에는 청소년은 물론 노인에 이르기까지 학구내 지역주민의 건강을 증진시키기 위해 강당과 운동장을 적극 개방하고 있습니다.

김영옥 : 학교개방은 물론 취미교실 강좌를 열기까지는 많은 애로점이 있었을텐데, 가장 큰 애로사항은 무엇인지요 ?

진기두 : 학교를 개방했을때, 시설물 파괴등 환경을 어지럽히는 것이 큰 문제입니다. 지역주민 모두가 학교를 조금이라도 사랑하는 마음만 가져 준다면 개방에 따른 걱정은 다소 줄어들 것 같습니다.

류화림 : 지역사회학교 어머니회 운영은 무엇보다도 어머니들의 적극적인 참여가 중요한데, 지금까지 어머니들이 관주도적이고, 시키는대로 따라가기만 하던 새마을 어머니회에 젖어 있어서, 자발적인 참여률 유도하는 지역사회학교 어머니회로 인식을 바꾸는 과정이 가장 힘들었습니다. 이제는 많은 어머니들이 지역사회학교운동을 인식하고 가을 학기 강좌까지 열게 되었는데 많은 분들께서 참석

하시어 보람을 찾을 수 있도록 최선을 다하고자 합니다.

김영옥 : 앞으로의 운영계획은 어떻게 설계하시고 계십니까?

김경원 : 이제 막 문을 연 가을 학기강좌 운영에 더욱 충실할 것이며, 메마른 현사회에 따뜻한 인정을 불어 넣을 수 있는 블우이웃돕기에도 많은 신경을 쓰려고 합니다.

진기두 : 충주·중원에 추진회를 결성하여 지역주민 모두가 학교를 활용하여 모두가 가르치고 모두가 배우는 지역사회학교운동을 확산시키고 발전시키는 일들을 하고자 합니다.

김영옥 : 지역사회학교운영에 쏟고 계신 정열이 충주·중원의 지역사회학운동 발전에 큰 힘이 되리라 생각 됩니다. 오늘 좋은 말씀 감사했습니다.

4.
청주내덕초교
– 아이들의 교육장소를 자모들의 배움터로

　교육열 높은 어머니들의 과잉 치맛바람이 학교 운영에 병폐를 낳았던 과거와는 달리 학교 어머니회가 확산 운영 되면서 학부모들의 교육관이 변모를 보이고 있다.

　본교는 지역사회학교로서 금년 학기초에 지역사회학교 홍보용 V.T.R

(To Touch A Child)과 슬라이드 컷을 충북협의회에서 대여하여 자모들에게 지역사회학교운동의 필요성을 인식시켰다. 이에 착안하여 본교에서는 평생교육에 초점을 두고 취미교실을 조직하였다.

자기계발을 통하여 자기혁신 및 재창조를 하여 어머니회원들이 정신적으로 풍요로와지고 학교와의 유대를 돈독히 함에 목적을 두고 운영하고 있다. 취미교실 운영의 대상은 본교의 자모로 하며 짓기, 서예, 그리기(수묵화), 합창, 독창, 연극, 공예, 신체조 등으로 주1회 실시하되 각 종목별로 요일을 달리하여 오후 2시 부터 4시 까지 자율적으로 참여하도록 하고 있다.

지도강사는 본교 교사나 외래강사, 회원중에서 특기있는 분을 위촉하여 추진중이다. 처음에는 어머니회원 160여명을 대상으로 희망자에 한하여 실시토록 했던 바 참여율이 저조하였으나 취미교실에 참여한 회원의 이야기를 듣거나 결과물을 보고 널리 확산되어 많은 자모가 참여하고 있다.

특히 에어로빅 댄스 등공예등에는 많은 회원들이 참여하여 자기의 소질도 계발하고 여가도 선용할 수 있는 기회를 갖게 되어 매우 적극적으로 참여하고 있다.

그 결과물을 오는 11월중에 작품전시회 및 발표회를 갖게 되어 있어 각 자모마다 꿈에 부풀어 오늘도 열심히 취미교실에 참여하고 있다.

제5장

평생교육으로 주민의 배움의 장, 지역사회 화합의 장으로 변화시킨 쌍봉초등학교

지역사회학교는 도시 농촌 지역을 망라해 충북 지역의 각급 학교로 확산되었습니다. 1980년대 말, 면리 단위의 가장 좋은 교육 공간은 학교였습니다. 농촌 마을인 음성군 쌍봉리 쌍봉초등학교가 지역주민 누구나 배울 수 있는 지역사회학교로 1989년 문을 열게 되었습니다. 쌍봉초등학교가 지역사회학교 현판식을 하는 날! 온 마을의 잔치였습니다.

학교 현관에 현판을 부착하고 김종서 한국지역사회교육협회장님의 특강이 이어졌습니다. 학생들만 다니는 학교에서 확장되어 학부모, 지역주민, 어르신 등 주민 모두 쌍봉초등학교가 지역사회학교로 출발하는 기쁨을 함께 나누었습니다.

쌍봉초등학교는 학교 문을 활짝 열고 지역 어르신들의 게이트볼 교실을 열었습니다. 손주들이 다니는 학교에 할아버지 할머니들도 건강을 증진하며 즐겁게 정담을 나누는 모습이 아직도 선연합니다. 그리고 좋은 부모가 되기 위해 학부모들의 발걸음은 학교 안으로 분주하게 이어졌습니다. 드디어 학교가 마을 주민의 평생교육 배움터가 된 것입니다.

추석 연휴에 쌍봉초등학교는 지역주민 운동회를 열었습니다. 쌀가마를 들고 끝까지 버티는 게임, 오재미로 박을 빨리 터트리는 게임, 운동회 마지막 승부인 이어달리기 등 고향을 찾은 동문들까지 참여하는 온 마을의 축제가 되었습니다.

파란 가을 하늘 아래 만국기가 펄럭이는 운동장에 울려 퍼졌던 아이들과 주민들의 함성 소리는 아직도 제 귀에 쟁쟁합니다. 35년이 지난 지금 돌이켜보면 오늘날 지향하는 읍면동 평생학습센터가 바로 쌍봉지역사회학교의 모습인 것 같습니다.

음성군 쌍봉리에 있는 농촌 학교를 주민의 평생교육 학교를 탈바꿈 시킨 분은 바로 지역사회학교운동의 정신을 실현하고자 했던 의지가 깊었던 리선영 교장선생님이었습니다.

리선영 교장선생님은 1985년 3월 충북지역사회학교협의회가 발족할 때 충북교육청 장학사로 참여하였으며, 평생교육 학교의 중요성과 실천 방법을 잘 알고 있었기에 24세에 간사로 첫 발을 내딛은 저에게 많은 가르침을 주었습니다. 얼마 후 쌍봉초등학교로 부임하면서 지역사회학교 운동을 실현한 것이지요.

리교장선생님은 지역사회학교로 바뀐 초등학교의 모습에서 학교와 지역사회가 함께 협력할 때 아이들이 건강하게 성장할 수 있고, 좋은 학교가 되고, 살기 좋은 지역사회가 될 수 있다는 것을 경험하면서 부임하는 학교에 지역사회학교운동을 전파하였습니다.

저는 리교장 선생님을 보면서 평생교육이 활성화되려면 리더의 확고한 실천 의지가 중요하다는 것을 알 수 있었습니다.

리선영 교장선생님이 부임해오면서 음성 쌍봉초등학교가 평생교육을 실천하는 학교로 변화되어 가는 과정을 단계적으로 정리하였습니다.

지역주민의 숙원사업인 학교 앞 진입로 확포장까지 주민의 힘으로 해결해내는 진정한 지역사회학교의 모습입니다.

1.
주민에게 배움의 기회 제공
– 농업의 기계화에 앞장서가는 쌍봉어머니들

일시: '89. 5. 27

장소: 음성 쌍봉 지역사회학교

참석자: 이선영 교장
　　　　신점순 어머니 회장
　　　　이염숙 교사
　　　　김영옥 간사 (기자)

출처: 충북 새이웃 3호 (1989년 6월) – 지역사회학교 탐방 3

　　논밭길 사이로 난 구불텅한 길을 따라 향수가 절로 느껴지는 마을에 접어들었다. 농번기라 그런지 논두렁에, 밭고랑에 흰 두건을 쓴 아낙네들이 삼삼오오 떼를 지어 바쁘게 움직이고 있었다. 학교 입구에 접어들었다. 시원스러워 보이는 화강암 기둥(차주원 명예회장께서 희사)에 부착된 쌍봉 지역사회학교 현판이 눈 안에 환하게 들어왔다. 오늘따라 눈이 부시리만큼 빛나는 태양은 지역사회학교 현판에 더욱 강하게 내리쬐는 것 같았다.

김영옥 : 바쁘신 중에도 이렇게 자리를 해주시어 감사합니다. 제가 쌍봉국고에 처음 들어서는 순간, 이 학교는 "정말 지역사회학교구나!"라는 생각이 들었습니다. 그 때문인지 학교에 발을 들여놓는 순간부터 발걸음이 더욱 신이 났습니다. 쌍봉지역사회학교가 협의회 지정 농촌형 시범학교라서 운영하시느라 노고가 많으시겠습니다. 교장 선생님께서 특별히 세우신 운영 방침이 있다면 무엇인지요?

이선영 : 쌍봉지역사회학교는 농촌 지역이기 때문에 교육 기회가 부족한 실정입니다. 따라서 지역 주민들에게 배움의 기회를 자주 제공하는 것이 중요합니다. 학교가 지역 주민의 교육 계획까지 담당하여, 꼭 필요한 교육이 이루어질 수 있도록 도와주며, 지역 주민이 '학교가 내 학교'라는 주인의식을 갖도록 하고 있습니다. 또한, 학교 시설물을 최대로 활용하여 자기 계발을 위해 힘쓰고, 봉사할 수 있도록 운영하고 있습니다.

김영옥 : 운영회는 어떻게 조직되고 운영되는지요?

이영숙 : 학구 내 지역 주민이 직접 참여하고 있다고 할 수 있습니다. 아버지들을 모아 번영회를 조직하여 학교 교육이 잘 이루어질 수 있도록 많은 도움을 받고 있으며, 80여 명의 어머니들이 모여 자기 계발과 참다운 봉사의 의미를 찾기 위해 가정 교육을 위한 교양 강좌와 실생활에 필요한 영농 기술을 익히고 있습니다. 또한, 학교에 보탬이 될 만한 일들을 추진하고 있습니다. 그리고 노인들이 소외되지 않고 건강하고 즐거운 노후 생활을 할 수 있도록 많은 대화를 나누고, 건강 관리를 위한 교육도 진행하고 있습니다.

김영옥 : 아버지회, 노인회, 어머니회를 운영하시고 계시다고 말씀하셨는데, 어머니회장님께서 최근에 운영하신 사례를 말씀해 주셨으면 합니다.

신점순 : 지난 5월 10일, 학교 교정에서 어머니회 회원 30여 명이 모여 관리기와 이앙기 교육을 받았습니다. 모두가 농촌 일손을 돕고, 농업의 현대화를 위해 우리 주부들이 기계를 조작하여 농업 기계화에 앞장서자는 다짐을 하며, 진지하게 실습을 받았습니다. 감사하게도 학교에서 원할 때 쉽게 이용할 수 있도록 작업모자까지 선사해 주셨습니다. 이제는 지역사회학교가 무엇인지 조금씩 깨닫게 되어, 어머니들이 학교에 나와 많은 것을 배우고 싶어 하지만, 시간 내기가 힘들어 아쉬워하고 있습니다.

김영옥 : 운영상의 큰 애로점이 있다면 무엇이며, 앞으로의 운영 방침은 어떠하신지요?

이선영 : 방금 회장님께서 말씀하셨듯이, 이제 어머님들이 많은 것을 배우시길 원하며 학교에 오시는 것을 즐거워합니다. 그렇지만 요즘처럼 농번기에는 모이기가 힘들다는 것이 가장 큰 애로점입니다. 앞으로의 운영 방침은, 학교에 비어 있는 교실을 적극적으로 활용하는 것입니다. 현재 강당은 다소 허름하지만 손을 보고 있으며, 학교가 가진 시설물을 학생들은 물론 지역 주민들이 최대로 활용할 수 있도록 교육 환경 개선 사업에 적극 지원할 계획입니다. 또한, 지역 주민들이 농한기를 이용하여 교육을 받을 수 있도록 운영하고자 합니다.

김영옥 : 오늘 좋은 말씀 감사합니다. 쌍봉지역사회학교가 농촌형 시범 지역사회학교인 만큼, 타 시도의 모델이 될 만한 운영이 되시길 바랍니다.

2. 지역사회 문고 개설
- 한국지역사회교육후원회 아동·성인도서 1,000권 기증

출처: 충북 새이웃 4호 (1989년 8월) - 우리 지역사회학교 교실

음성 쌍봉 지역사회학교는 지난 989년 7월 11일 충북협의회의 도움을 얻어 한국지역사회 교육후원회로 부터 아동 도서와 성인도서 1,000권을 기

증 받았다.

읍내에서 한참 들어가는 지역에 위치하고 있는 전형적인 농촌학교이므로 도시 아이들에 비해 문화적인 혜택을 제대로 받지 못하고 있기 때문에 도서를 통한 교양 교육이 절실히 요구되고 있는 실정이다.

도서 부족으로 아이들의 교양교육에 어려움을 겪고 있었는데 마침 한국지역사회교육후원회가 도시 지역사회학교인 서울 개원국민학교에서 도서를 수집하여, 여러차례 보수, 정리한 도서를 직접 전달하였다.

더우기 일손이 모자라는 바쁜 중에도 지역사회학교 운영회에서 아버지, 어머니들이 아이들과 함께 도서를 기증 받았다.

쌍봉 국민학교는 지역사회학교로서 학교 시설·인적자원을 지역주민들까지 최대로 활용할 수 있도록 많은 일들을 해오고 있다. 이제 어느정도 도서실로서의 면모를 갖춘 쌍봉 지역사회학교 도서실을 아이들은 물론 지역주민 모두가 적극 활용할 수 있는 지역사회 문고로서 역할을 다하고자 한다.

1. **목적** : 학교아동과 지역사회 주민 모두가 활용하고 참여하는 지역사회 문고를 개설하여 아동, 주민다같이 책을 읽어 교양을 넓히고 평생교육의 기틀을 다져 주는데 그 목적이 있다.

2. **방침** :
   - 학교 도서실을 설치 운영한다.

- 어린이회 봉사부 도서부원으로 자율적 운영한다.
- 지역사회학교 : 아버지회, 어머니회, 학예부장을 중심으로 지역사회 문고제를 운영한다.
- 학교와 지역사회주민 공히 지역사회 문고 확충에 노력한다.

3. 운영방법

1) 아동부
- 년중 도서실 개방
- 이동학급문고제 운영
- 도서부원 자율적 운영
- 독서회 독후감 발표회 개최

2) 지역주민부
- 도서이용 교양강좌 실시
- 아버지회, 어머니회, 학여부장 중심 운영
- 도서 연중 대여
- 농한기 부락 이동 문고제 운영
- 독후감 독서회 행사 실시

3) 문고 확충
- 아동도서 구좌제 실시 도서 구입 확충

- 지역주민 도서구좌제 실시 도서 구입 확충
- 졸업생, 사회인사등 기증받기
- 학교교비에 의한 도서 확충

4. 전망 : 학교 도서실의 책의 빈약과 시설의 불비로 이용률이 낮아 항상 꽉 잠긴 문이 한국지역사회교육후원회에서 다량의 도서 기증으로 도서실이 새로이 도색되고, 도서상자가 바뀌고, 시설이 정비되었으며, 도서실문이 활짝 열리었다. 아제 아동 스스로 자율적으로 도서실이 운영되고 지역사회 문고로 활용될 때 지역주민의 교양이 높아지며, 평생교육의 기틀이 더욱 다져질 것이다. 어린이들은 독후감쓰기 독서회를 통해 책읽기외 습관화와 더욱 공부에 일기가 높아질 것이며 좋은 학교 즐거운 학교로 될 것이다.

3.
부모들에게는 신뢰받는 학교, 아이들에겐 즐거운 곳 그리고 지역사회와는 서로 돕는 곳

산수는 산수실로 자연은 자연실로 - 교과 전담 교수제 실시

우리 학교는 충북 음성군 금왕읍에 위치한 금왕읍에서도 약 6km를 더

들어가는 남들이 혼히 말하는 벽지학교는 아니지만 전교생 250명, 교사 12명의 적은 규모의 시골 학교이다.

농촌에 자리한 까닭으로 아이들은 책을 읽기 보다는 고추를 따고, 학과 공부보다는 담배 잎을 딴다. 어른들은 어른들대로 학교에 찾아와 아이들의 성적이나 성격을 상담하기 전에 논밭에서 땀을 흘리고, 밤이면 피곤에 지쳐 잠이 든다.

이처럼, 학부모들은 농사 일에 쫓기고, 아이들까지도 부모님을 도와야 하는 농촌 학교의 특수성으로 인해 학교는 학교 나름대로 아이들에게 어떻게 하면 도시 학교와의 학력 격차를 줄이고, 발랄하게 성장시킬 수 있을까 하는 과제를 안게 되었다. 결국, 중·고등학교에서처럼 교과전담 교수제를 실시하여 집중학습을 시키면 어떨까 하는 이른바 교과전담 교수제가 제시되었다. 산수는 산수실로, 자연은 과학실로, 음악실로, 미술실로, 시청각실로 ……

아이들은 매시간 대학생 마냥 책을 끼고 교실을 찾아 순회한다. 아니 선생님을 찾아 나선 것이었다. 그 결과, 전문적인 교사의 흥미 있는 지도를 받아서인지, 아이들 나름대로 재미있었던지 아이들은 성적이 올랐고, 학습 방법과 태도가 향상되었다.

아름다운 학교는 내 손으로

오래된 건물인 까닭에 겨울이면 추워서 공부하기 어렵고, 유리창틀은 열고 닫기가 불편하여 어린이들의 안전생활을 저해하던 구식 창문을 지역사회학교 운동을 전개하는 지금은 현대식 하이샷시 2중창으로 교체되었고 또 마루바닥이 가라앉아 철거단계에 있던 빈 교실 4칸을 하나로 트고, 타 학교에서 못 쓴다고 땔감으로 이용하려던 헌마루 바닥 후로링을 얻어와 깎고, 닦고 손질하여 보수한 대용 강당은 아이들의 무용시간은 물론 지역사회 투표소로도 이용되어 쌍봉인 모두에게 사랑받고 있다. 여름방학 중에는 경비가 많이 든다는 이유로 외부 도장공사만 업자에게 맡기고, 내부 교실도색은 교직원들이 삼복더위에도 불구하고 협력하여 학교자체에서 도색을 마쳐 아름답고 깨끗한 학교가 되었다.

시원하고 밝은 교실

이에 질세라 어머니회에서는 한여름 불볕 더위에 공부하는 자녀들을 위해 선풍기 9대를 기증하여 삼복더위를 잇게 하였다. 또 한국지역사회교육후원회의 배려로 아동도서와 성인도서 1,000여권을 기증받은 요즘은 어린이들이 한창 독서에 열중하고 있다.

지역사회와 서로 돕는 학교

종래와는 달리 소풍지 결정을 지역사회학교운영회 체육부장님께 일임했다.

소풍지로 결정된 마을에서는 어린이들의 소풍을 즐겁고 안전하도록 간이 화장실을 설치하고, 잡초와 위험물 제거 앰프 시설, 식수를 제공해 주셨고 소풍이 끝난 뒤에는 동네잔치를 열었다.

이처럼 아버지들은 경운기로 흙을 실어 나르고, 교사들은 교실 환경 개선을 위해 고용원들과 같이 페인트를 칠하고 어머니들은 교실에 선풍기를 달고 관리기술교육을 받는 등 학생·학부모·교사가 3박자를 맞추어 가던 중 또 하나 반가운 일이 생겼다.

전라북도 이리에 위치한 원광대학교에서 학예·의료 봉사단이 오게 된 것이다. 아이들에게는 한자와 영어·예능·레크레이션을 지도하고, 학부모들에게는 한방진찰·진료를 하여 의료 혜택을 못 받고 있던 쌍봉지역 주민들에게 따뜻한 사랑을 심어 주었다. 학부모들에게는 신뢰받는 학교, 아이들에겐 즐거운 곳 그리고 지역사회와는 서로 돕는 곳 그곳은 바로 쌍봉 국민학교이리라.

출처: 새이웃 통권 207호(1989년 10월호) - 이래서 좋은 학교

4.
"학교와 가정과 지역사회를 하나로" 만드는 쌍봉 지역사회학교 - 나는 뛰었다

구철회 (충북 쌍봉지역사회학교 아버지 회장)

저는 이 학교 5학년 구자환의 아버지 구철회입니다.

제 자식이 이 학교에 입학하고 지금 5학년이 되었는데 저는 평소 학교에는 특별한 사람만이 오는 것인줄 알고 학교 문앞에도 와 보지 않았던 무관심한 학부형의 한 사람이었습니다.

그런데 지난 봄에 아들 녀석이 편지 한 장을 내밀었습니다. 학부형 회의가 있으니 학교에 나와 달라는 내용이었습니다. 아들 녀석은 물론 옆집 아이들까지 와서 조르며 지역사회학교를 만들자는 일 때문에 상의 할 일이 있으니 꼭 나와 달라는 학교 측의 부탁이라는 것이었습니다.

"지역사회학교"라는 처음 들어보는 말 한마디와 아들 녀석의 끈질긴 설득 덕분에 나는 드디어 처음으로 학교에 발을 들여 놓게 되었습니다. 학교에 와서 보니 나처럼 평소에는 학교 일에 등한시하던 친구들이 나와 있었습니다.

영화를 보고 감명을 받아

이윽고 교장선생님께서는 지역사회학교의 참 뜻과 유래에 대해서 설명해 주시고 "한 어린이를 잘 길러내기 위해서(To Touch A Child)"라는 V.T.R을 보여 주셨습니다.

이 테이프는 1968년 당시의 주한 미국 공보원이었던 스미스 부원장이 각계 인사 40여명을 초대한 자리에서 미국의 지역사회학교운동이 어떻게 하여 시작되었으며 왜 필요한가를 영화화한 것으로 그 당시 이 테이프를 후원회 정주영 회장이 주도하여 우리나라에도 민간 주도의 지역사회학교의 운동이 시작되었다고 합니다.

지역사회학교란 기존의 학교 시설을 이용하여 주민이 주인인 학교, 누구나 다닐 수 있는 학교, 주민들의 필요와 욕구를 충족시켜 주는 학교 그리고 지역사회 문제를 스스로 앞장서 해결해 나가며, 특히 학교와 가정과 지역사회를 하나로 연결하는 학교라는 말에 나는 큰 감명을 받았습니다. 이날 나는 회원님들의 뜻에 따라 아버지 회장에 선출 되었습니다. 아무것도 모르는 나에게 아버지 회장이라니 걱정이 태산 같았습니다. 하지만 나는 "학교와 가정과 지역사회를 하나로"라는 슬로건을 내 것으로 ……하면서 가벼운 발걸음으로 집에 돌아 왔습니다.

"아버지 축하해요. 아버지 회장이 되셨다면서요 ?"

"여보, 축하드려요."

아들 놈이나 아내나 동네 사람들의 축하의 말은 뒷전으로 밀리고 내 귀에는 오로지 "지역사회학교운동을 어떻게 펼 것인가?" 하는 자문이 맴돌고 있었습니다.

여러날 궁리 끝에 나는 드디어 한 가지 일감을 찾아 냈습니다. 우선 회원들의 관심과 뭉치게 하는 일감을 찾아냈습니다. 다름이 아니라 우리 학구 내 내곡, 구계리, 사창, 어린이들이 등하교 길로 이용하고 있는 학교 뒷길에 확장 포장하는 일이었습니다.

며칠 후 나는 군 지적계에 들어가 기존 소로 도면을 떼어 보았더니 도폭이 4m가 안되었습니다. 학교 후군에서 아스팔트 길까지의 확·포장을 위하여 밤낮으로 손전등을 밝히며 지주들을 찾아 다녔습니다. 4m로폭의 토지 사용 승낙서를 받기 위해서였습니다. 학교 후문어서 아스팔트길 까지는 약 380m의 거리인데 전답 15필지로 지주는 10명이나 되었습니다.

비가 오면 길뚝이 무너지고, 겨울이면 땅이 얼어 미끄러지고 여름 방학 때가 되면 풀이 무성해지는 그 길에 우리 자식들을 위해 도로 포장을 하자는 내 의견에 일곱 분의 지주는 설득이 잘 되어 땅을 내 놓기로 승낙하였지만 그러나 나머지 세분은 "글쎄‥‥‥"라는 대답이었습니다.

문제 해결의 자신감 얻어 수 차례 아버지회 임원들과 지주 세 분을 찾아가서 설득시킨 결과 두 분은 양해를 얻었으나 유독 한 분만은 절대 내놓을 수 없다는 것이었습니다. 이번에는 더 많은 사람을 동원 이장님, 새마을지도자 등 여러 아버지 임원들과 같이 승낙을 얻으러 찾아갔으나 자신은 부모로부터 이어받은 땅이 아니라 젊었을 때 남의 집에 머슴 살이를 하고, 남이 밥 먹을 때 죽 먹고, 잠 잘때 일해서 산 땅이라고 절대 내놓을 수 없다는 말에 어쩔 수 없이 돌아선 적이 한 두번이 아니었습니다.

의욕 하나만 가지고 출발한 나는 그분이 원망스럽기도 하고, 때로는 너무 힘들어 포기할까도 생각 했으나 그러나 중도에서 포기할 수는 없었습니다.

처음으로 시도한 일인데 여기서 포기한다면 앞으로의 아버지회에는 면목이 없을 것 같았습니다. 생각다 못해 운영위원들 즉, 어머니회, 아버지회, 번영회 등 각 회 임원들이 모두 모여 지역사회 문제 해결 회의를 열었습니다. 그 결과 읍장님께 진정서를 내기로 의견을 모았습니다.

학부형들은 물론 지역 주민들이 참여하여 진정서를 작성하고 읍장님께 진정서를 냈습니다.

읍장님께서는 "여러분들의 뜻은 갸륵하나 읍의 예산이 없는 관계로 800만원 밖에 지원할 수 없습니다." 라는 답이었습니다. 학교 뒷길을 포장하는 데는 5천 5백만원이 소요 된다는데 800만원으로 어림도 없는 일이었습니다. 다시 관계 기관에 여러 차례 건의를 하고 그래도 안되어 마지막으로 음성 군청에 찾아 호소하기로 하였습니다.

음성군청 관계관을 만난 나는 그동안의 일을 말씀드리고 좀 도와 달라고 간곡히 사정을 하였습니다. 그 결과 군수·부군수님께서는 직접 현지를 답사하시고 쾌히 승낙하셨습니다.

드디어 군새마을계에서 나와서 측량을 하고 팻말을 박았습니다. 예산도 3천 3백만원이나 책정되어 가을 추수가 끝나는 대로 곧 공사에 착수하게 되었습니다.

그렇게도 어렵고 힘들게 느껴졌던 도로 포장 공사가 확정되자 나는 10년 묵은 체증이 내려가는 듯 시원했고 또 신바람이 나서 어깨춤이 절로 추어졌으며, 지역사회학교운동에 나는 뛰고 있다는 자부심에 부풀었습니다.

"하늘은 스스로 돕는 자를 돕는다" 라는 속담을 실감한 날이었습니다.

"내 사전에는 불가능이란 없다"던 나폴레옹처럼 우리 아버지 회의 사전에도 불가능이란 없다는 자신감을 얻게 되었습니다. 도로 포장 공사는 포장을 하게 되었다는 그 자체보다도 우리 아버지회원들에게 더 큰 선물을 안겨 주었습니다. 바로 지역사회 문제 해결의 자신감이었습니다.

어떤 난관이 닥쳐와도 헤쳐 나갈 자신감을 얻은 것입니다.

체육대회도 주관

학교에서는 우리들을 격려라도 하듯 또 한 가지 사업을 주셨습니다. 바로 가을 체육대회를 아버지회에서 주관하라고 한 일입니다. 우리들은 지역사회 학교답게 어린이, 아버지, 어머니, 할아버지, 모두가 참여할 수 있는 가을 운동회를 계획하였습니다. 아동 프로그램과, 학부모 프로그램을 반반씩 나누고 우리는 즐겁게 운동회를 맞이하였습니다.

어린이들은 달리기, 마스게임과 부채춤을 준비하였고 어머니회에서는 부락별 긴 줄넘기 대회, 아버지회에서는 부락별 육상과 무거운 짐을 머리 위에 들고 누가 오래 버티는가 하는 힘겨루기를 하였습니다. 심판이나 진행은 물론 아버지회에서 맡았습니다. 바로 우리 주민들이 주인이 된 축제의 하루였습니다. 어느날 학교에서는 학교 임원들의 사기 진작과 단합을 위해 선진지 시찰을 시켜 주셨습니다. 강화도 전적지 답사를 하게 되었습니다.

버스 안에서 교장 선생님은 자녀 교육에 있어서 가장 중요한 것은 무엇보다도 관심과 사랑이라고 하시며, 일본의 자녀 교육 등 우리에게 유익한 말씀을 해 주셨습니다.

학부모와 교사가 하나로 어울려 정말로 즐겁고 유익한 하루를 지냈습니다.

지난 5월 봄소풍 때는 아버지회원들이 뜻을 모아 소풍지의 잡초를 제거하고, 이동식 화장실 설치, 음료수대 설치 등을 하여 아이들의 즐거운 하루에 보탬을 주기도 하였습니다.

내 아들, 내 딸, 내 일이니까요! 이제 나는 무관심한 학부형의 한 사람에서 벗어나 틈만 있으면 학교에 들러 봅니다. 날로 새로와지는 학교 모습이 너무 보기 좋아서입니다.

시커멓던 벽이 하얗게 도색 되고, 또 가라앉던 강당은 보수 되어 깨끗하고 운동장이며, 테니스장이며, 도서실이며 날로 날로 깨끗해지고 아름다와지는 좋은 학교로 모습이 바뀌어 가고 있습니다. 아이들도 어깨에 힘이 들어 간 듯 더욱 활발해지고 똑똑해져서 더욱 보기 좋아졌습니다. 우리들 하나하나의 힘이 모여서 학교가 날로 깨끗해지고 새로와지고 좋은 학교가 된다는 건 잠을 자다 생각해도 기분 좋은 일입니다. 이제 나는 학교를 위해서 무엇을 할 것이며, 주민과 다리를 어떻게 연결하면 더 좋아질까? 를 생각하면서 학교 문을 들어섭니다.

앞으로 더욱 열심히 지역사회학교 운동에 앞장서 전국에서 제일가는 쌍봉지역사회학교를 만들어 보렵니다. 감사합니다.

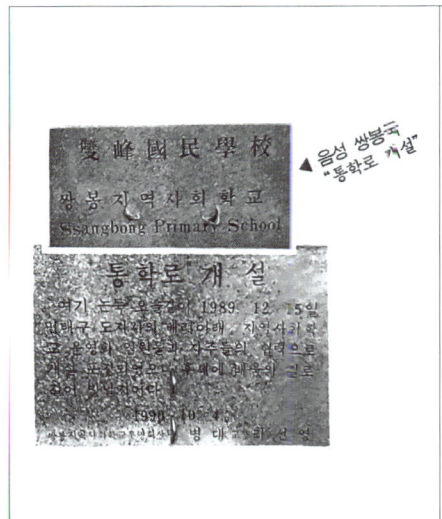

▲ 음성 쌍봉독 "통학로 개설"

雙峰國民學校
쌍봉지역사회학교
Ssangbong Primary School

통학로 개설

여기 논둑으로 길이 1989 12 15일
민태구 도지사의 배려 아래
지역사회학교
운영회 임원들과 지주들의 협력으로
개설 포장되었으며, 후대에 배움의
길로 길이 빛날지어다
1990. 9. 4
쌍봉지역사회학교 운영회장 민병대,
교장 리선영

출처: 새이웃 통권 208호(1989년 11월호) - 아버지의 글

5.
모든 주민들이 교장선생님의 신바람에 감동하여…
충북 쌍봉 지역사회학교 리선영 교장

- 때 : '89. 11. 2(목). 16 : 00   • 곳 : 쌍봉국민학교 교장실
- 참석자 : 리선영(쌍봉국 교장), 이영숙(쌍봉국 교사) 새이웃 기자,
  김영옥(충북협의회 간사)

새이웃 : 충북에서 지역사회학교운동이 전개된지 5년 되었습니다. 5년이 되어서야 운영보고회를 갖게 되어 늦은감도 있었지만 충북에서는 처음으로 열리는 시범 보고회이므로 더욱 뜻깊은 행사였습니다. 더군다나 250여명이나 되는 많은 분들이 참석하여 성황리에 보고회를 마칠 수 있어 충북협의회가 한층 성장함은 물론 쌍봉지역사회학교도 더욱 발전할 수 있는 계기가 된 것 같습니다. 교장선생님께서 지역사회학교운동에 참여하게 된 동기는 어디에 있습니까?

몰라보게 변화된 학교

리 : '85년 3월 수안보 유스호스텔에서 충북의 지역사회학교운동이 발기될 때 교위에서 공둔이 와서 가보게 되었습니다. 그때 주성민 총무님께서 지역사회학고운동에 대한 설명과 토의 방법을 강의하셨고, 백명희 교수님께서 학교 경영에 대한 강의를 하셨는데 강의 내용중 "앞으로 산업사회에서는 비전문가가 전문가를 지배하는 사회가 온다"는 말씀이 지금도 기억에 남습니다. 그날 하루 저녁을 자면서 지역사회학교운동은 정말 훌륭한 내용이므로 꼭 해보자는 마음을 먹고 참여하게 되었습니다. 그 후로 용인 연수원에서 있었던 모임 등을 통해 지방자치제 교육자치제가 시작되는 마당에 지역사회학교운동은 정말 꼭 해야 할 일들이라고 느꼈습니다.

이 : 제가 이 운동에 처음 참여하게 된 것은 교장선생님께서 부임해오

신 후 본교가 협의회 농촌형 시범학교로 지정받고서 입니다. 이념도 제대로 모르는 상태에서 담당을 맡게 되어 처음에는 막연하였습니다. 더군다나 교장선생님께서 쏟으시는 남다른 열정과 신념을 충족시켜 드리기가 어려웠습니다. 그런데 교장선생님께서 부임해 오시면서부터 학교가 점점 변화되어 이제 오신지 1년 조금 되었는데 학교가 몰라보게 달라졌습니다. 이처럼 학교가 점점 변화되고 아이들의 학력이 신장되니까, 주민들이 농사일로 눈코뜰사이 없이 바쁜 상황속에서도 학교에 많은 관심을 갖고 학교에 나와 뭔가 배우려고 애쓰고, 행사시에는 적극 참여하여 같이 계획하게 되어 많은 보람을 느낍니다.

새이웃 : 교장선생님께서 부임해 오신 지 얼마 안되는 짧은 시간내에 큰 성과를 거두셨다고 해도 과언이 아닌 것 같습니다. 어디에 역점을 두고 운영하셨습니까 ?

신바람 나는 교장선생님

리 : 쌍봉 지역사회는 교통이 불편한 농촌으로 자연부락들이 띄엄 띄엄 산재되어 있어 다른 부락과의 의사소통과 지역공동체의식이 결여되어 있으며 농사 일손이 모자라 지역주민의 학교 참여가 매우 어려운 상황입니다. 이러한 어려운 결실을 극복하기 위해서는 학교경영을 생동감 있게 혁신하고, 학생지도 학력 향상에 정성을

다하여 주민들의 심금을 울릴 수 있는 지역사회학교운동을 전개해야 되겠다고 생각했습니다. 농촌에 있어서의 학교·가정·지역사회 공동체의 좋은 학교 만들기란 주제 아래 우선 지역사회학교 기반을 조성하고 신뢰 받는 좋은 학교를 경영하며, 주민교육 프로그램 구안 전개에 중점을 두고 운영 해 왔습니다.

좋은 학교란 아이들도 좋고 학교 환경도 좋고, 선생님도 좋고, 지역사회도 좋아야 한다는 얘기죠. 그러기 위해서 학력 향상을 중시하여 교과전담 교수제를 실시하였으며, 지역주민들과 힘을 합쳐 노후된 학교시설 보수에 많은 노력을 기울였습니다.

새이웃 : 보고회를 마친후 참석한 많은 분들이 음식을 한꺼번에 드실 수 있도록 선생님들은 물론 주민들께서 조직적으로 움직이는 모습에 감탄하였습니다. 주민들을 규합하는 힘이 어디에 있다고 보십니까?

이 : 주성민 총무님께서는 교장 선생님을 신바람 나시는 분이라고 평하셨는데 너무나 적절한 표현이었다고 생각합니다. 모든 주민들이 교장선생님의 신바람에 감동하여 더욱 적극적으로 참여하고 있습니다. 이번 가을운동회 때에는 10명씩 함께하는 줄넘기를 하고 나서 끝날때 전부다 손을 꼭 잡고 강강수월래를 하며 운동장을 돌아 협동심을 길러 주기도 하였습니다. 그리고 행사 전어 여러번 회의를 거쳐 역할 분담 의식을 심어준 결과인 것 같습니다.

새이웃 : 지역사회학교를 운영해 오시면서 가장 큰 어려움은 무엇이었으며, 앞으로의 운영 계획을 말씀해 주셨으면 합니다.

운영의 자율권을 최대로 …

리 : 농촌 소규모 학교이므로 교직원의 인력과 시간이 부족하고, 농사일로 바빠 주민들이 모이기가 힘든 것이 가장 큰 어려움이었습니다. 얼마 전 각지에 있는 졸업생들이 모여서 모교 학생들의 장학기금으로 천오십만원을 그것도 쌍봉지역사회 농협에 예치시켜 놓았습니다. 또한 내년에는 이천만원, 내후년에는 이천오백만원을 목표로 삼겠다는 졸업생들의 학교애에 크게 감격했습니다. 정주영 회장님의 말씀처럼 '일하면 돈이 생긴다' 는 그 말씀처럼 정말 일하고 보니까 여기저기에서 원조해 주더군요. 지금까지 교장선생님들이 상부의 지시만 따라서 하여 창의성이 상실 되었었는데 저는 영국의 섬머힐 학교처럼 내가 맡고 있는 학교를 최대한 대화를 통해서 경영해야 한다고 봅니다.

이 : 대표적인 예로 42년간의 숙원사업이던 후문 진입로를 닦는 일을 주민과 대화를 통해 주민들 스스로 앞장 서서 길을 포장할 수 있게 되었습니다. 이제 어떤 문제가 생겨도 주민 스스로 앞장서 해결해 나가는 자신감을 갖게 된 것입니다. 또한 많은 분들이 한문교육 받기를 요청해 오고 있습니다. 농한기가 되면 주민들이 가장

필요로 하는 것들을 배울 수 있도록 계획하고자 합니다.

새이웃 : 끝으로 후원회나 협의회에 바라고 싶은 것이 있으시면 말씀해 주시기 바랍니다.

리 : 각 시·도에서 이런 시범 발표회가 자주 있어야 합니다. 그래야 모이는 기회가 생기고 자기들이 미처 생각 못했던 것도 발견하게 되어 새로운 아이디어를 적용시킬 수 있기 때문입니다. 후원회에서 연구원 건립 계획을 갖고 있다는 데 보다 많은 사람들을 자주 교육해서 전문요원을 양성하여 점차 확대되어 지역사회학교운동의 끈이 끊어지지 않고 이어져 나갈 수 있었으면 합니다.

새이웃 : 오늘 두분의 좋은 말씀 감사합니다. 이번 보고회를 마치기 까지는 선생님들과 주민들의 힘도 컸지만 두 분의 조직력과 치밀한 계획성이 큰 힘이 되었다고 봅니다. 앞으로도 더욱 발전된 쌍봉지역사회학교의 모습이길 바랍니다.

출처: 새이웃 통권 208호(1989년 11월호) – 이런 만남

제2부

—

좋은 학교, 주민 평생교육에 앞장서는
75개 초중등학교,
평생교육 실천 부모교육 지도자
육성에 주력하는 협의회

제6장

좋은 학교 만들기에 주력하는 지역사회 학교

1.
청주율량초등학교
– 긍정적인 학부모의 교육열, 평생교육으로 바꾸다

1990년대 초 고층아파트 단지 내에 위치한 율량초등학교가 지역주민 평생교육 학교가 되었습니다. 청주 남성초등학교에서 지역사회학교 운영을 통해 학부모와 함께 평생교육 학교 만들기에 앞장섰던 최익환 교장선생님이 부임해 오면서 율량초등학교를 지역주민의 열린 배움터로 만든 것이지요.

당시 율량동 지역에 아파트 단지가 들어서면서 율량초등학교 학생 수도 늘어났고 높은 교육열을 가진 학부모들은 자녀교육과 학교 운영에 대해 관심이 많았습니다. 최익환 교장선생님은 학부모의 높은 교육열을 지역사회학교 운영을 통해 긍정적으로 바꾸어 놓았습니다. 전국 학부모들에게 가장 인기가 높았던 한국지역사회교육협희회 주성민 상임이사님을 강사로 초빙하여 '좋은학교 만들기와 부모역할'에 대한 특강을 열었습니다. 강의를 들은 학부모들은 부모교육의 중요성을 인식하고 부모교육 프로그램부터 참여했습니다. 자녀와 대화법, 교육관 정립 등 부모에게 약이되는 프로그램 정규 과정은 물론 다양한 부모교육 특강도 함께 이루어졌습니다. 또한 학부모 독서교육, 예절교육을 비롯하여 학부모들이 요구하는 프로그램이 열렸습니다. 학교에 학부모들의 발길이 끊이지 않았습니다. 이렇게 1년간 공부한 결과로 발표회와 전시회를 개최하였습니다. 지금까지는 부모들이 아이들의 작품을 감상했다면 지역사회학교가 된 다음은 아이들이 부모님의 작품을 감상하게 되었습니다. 이제 공부하러 학교에 오는 엄마의 모습이 아이들에게 자연스럽게 인식될 정도로 학부모 평생교육 프로그램은 날로 활성화 되었습니다.

교장선생님은 지역사회학교를 운영하는 어머니 임원들을 중심으로 운영위원회를 결성하였습니다. 그리고 운영위원들이 모여 회의하고 교육을 진행할 수 있도록 운영위원회 사무실을 마련해주었습니다. 그리고 운영위원장 명패까지 셋팅하는 등 지역사회학교 즉, 평생교육 학교 운영 사무실이 생긴 것이지요. 율량초등학교의 사례는 전국으로 퍼져나갔으며, 지역사회학교 운영위원회 사무실을 마련하는 학교도 생겨나기까지 하였습니다.

율량초등학교에 프로그램 지원을 나가면 다양하게 이루어지는 강좌를 듣기 위해 부적이던 학부모들의 배움의 열기가 잊혀지지 않습니다.

1990년대 초반에 학교를 중심으로 이루어진 평생교육 프로그램, 발표회 작품전시회는 오늘날 마을 단위 기관 단위에서 평생교육을 마치면서 그 결과를 발표하고 전시하는 평생교육의 모습과 유사하다 할 수 있습니다. 이는 평생교육은 나이, 시대에 관계없이 누구나 언제 어디서나 열리는 기관단체의 평생교육이라고 할 수 있을 것이지요.

좋은 아이, 좋은 학교 만들기에 앞장 선
학부모들의 교육 봉사

율량초등학교가 지역주민의 평생교육 학교로 기반이 다져지면서 새로운 변화가 생겼다. 학부모들이 아이들 교육 자원봉사자로 활동하게 된 것입니다. 사서 도으미, 예절 도우미로 나선 것이다. 199년대 초반 초등학교는 도서실을 제대로 갖추지를 못했습니다. 학교와 학부모들이 협력하여 아이들이 쉬는 시간에 책을 읽을 수 있는 문화를 만든 것이지요. 층별 복도 끝에 도서를 진열하고 학부모 사서 도우미 봉사자로 나섰습니다. 책을 정리하고 보수하여 따뜻한 엄마의 마음으로 아이들에게 도서를 대여해주거 책 읽는 분위기를 조성했습니다. 잠자고 있던 도서가 교실 밖 열린 공간에 비치되어 누구나 쉽게 다가갈 수 있게 하면서 책 읽는 아이들이 많아지게 되었습니다.

또한 부모예절교육을 받은 부모들은 아이들의 예절 도우미 봉사자로 나서 아이들이 올바른 몸가짐 마음가짐을 갖도록 지도하였습니다. 학교는 학부모들에게 다양한 평생교육 기회를 제공해주그, 학부모는 교육받은 내용을 아이들 교육 봉사로 되돌려 주었습니다. 학교와 학부모들이 서로 협력하며 좋은 아이, 좋은 학교를 만들어가는 모습에서 한국지역시회학교후원회를 탄생시킨 영화 〈To Touch A Child〉의 실천을 엿볼 수 있었습니다.

2.
좋은 학교 만들기에 앞장선 학부모들

지역사회학교가 좋은 학교 만들기 운동을 전개할 수 있도록 프로그램을 지원하였습니다.

지역사회학교는 아이, 학부모, 교사가 함께하는 평생교육 프로그램을 통해 학부모들이 참여할 수 있도록 하였습니다.

충북협의회는 지역사회학교 학생과 교사, 학생과 부모가 함께할 수 있는 프로그램으로 후원회 주최의 사랑의 편지쓰기 운동과 자체적으로 시낭송 대회를 추진하여 높은 호응을 얻었습니다.

■ 괴산 세평(국)지역사회학교 학부모와 함께 발전하는 세평교

이증철 / 교사

　가을 풍경이 한폭의 그림처럼 아름다운 본교 운동장에서 9월 16일 지역사회의 대잔치인 가을 운동회가 열렸다. 농촌에선 가을은 결실의 계절이라는 눈코 뜰사이 없이 바쁘지만 오늘 하루는 학부형은 물른 비학부형 노인들까지 참석하여 대성황을 이룬 가운데 하루 종일 어린이들과 뛰고 뒹글며 동심의 세계로 돌아가 웃고 즐기며 모두들 즐거워하며 하루가 지나감을 섭섭히 하였다.

　본교에서는 금년 운동회는 지역사희 주민과 화목하게 하기 위해서 운동회 경기 종목을 학부모와 함께 하는 것을 된칙으로 하여 이색적인 운동회가 전개되었다.

　산촌 벽지인 이곳에 눈물이 나도록 고마운 일들도 있다. 생활이 빈곤하여 제대로 입고 먹지도 못 하면서도 자녀 교육를위해선 지극히 열성적이시다.

　본교에서 처음으로 어린이 문집을 발간하게 되었다. 부형들은 모두들 기뻐하며 그 대금을 부형이 서로 앞장서서 모금운동을 별여 충당하였다.

　이 광경을 본 우리 교직원들은 벽지에서 근무하는 보람을 느꼈다.

■ 충주 교현(국)지역사회 학교
- 학부모님과 선생님이 한마음되어 즐거운 학교 운영

홍성철 / 교장

귀여운 자녀들이 학교에서 즐겁게 공부하고 희망과 꿈을 키우는 것이 학부모님들의 염원일 것이다. 우리 학교는 선생님과 학부모님이 모두 한 마음이 되어 즐거운 학교 운영에 최선을 다하고 있다. 선생님은 학부모님을 모셔 놓고 수업도 해 보고 학부모님들은 1일 교사가 되어 선생님의 심정을 헤아려 보며 아동교육을 함께 생각한다. 우리 엄마도 선생님을 했다고 아동들은 저절로 싱글벙글 신바람이 난다.

누가 시키기에 앞서 자율적으로 움직이는 충주교현, 오늘도 학부모님과 선생님이 한마음 되어 즐겁고 활기찬 학교 운영으로 아동들의 꿈을 키운다.

■ 사랑의 편지쓰기 시상식

- 중앙협의회 수상자: 심현정(창신국 학생),
  이현경(청주여고 학생)
- 충북협의회 학생부문 최우수 김혜영(현도국)
- 충북협의회 학부모·교사부문 최우수:
  곽수영(주성국)

좋은 아이 좋은 학교 만들기 운동의 일환으로 1992년 10월 24일 본 회 회의실에서 사랑의 편지쓰기 시상식을 가졌다. 55개 지역사회학교의 8,000여 명의 학생, 학부모, 교사가 참여한 사랑의 편지쓰기의 심사는 충북글짓기지도회가 맡았다.

수상자는 학생 13명, 학부모·교사 4명으로 중앙협의회가 선정한 수상자와 충북 최우수 수상자 명단은 다음과 같다. 《곽회정 운영회장》

■ 지역사회학교 새이웃 시낭송대회

    1993년 11월 28일 본 협의회 대회의실에서 시낭송 참가자, 협의회 임원, 소그룹 회원 등 60명이 참석한 가운데 새이웃 시낭송 대회가 열렸다. 새이웃문학회(회장 송 정)가 통합 결성되고 본회 사무실 이전 기념으로 새이웃 문학회와 본 협의회 주최로 마련된 이번 새이웃 시낭송 대회는 청주시, 청원군 지역사회학교, 소그룹 회원의 초·중·고 학생과 학부모 20팀이 참가하였다. 심사는 김소엽 시인(서울신학대 교수)과 윤지용 시인(대성여중 교사)이 맡아주었다.

- 참가 : 청주시, 청원군 지역사회학교, 소그룹 회원의 초·중·고 학생과 학부모 20팀

3. 자녀 교육환경 개선

■ 보은 삼승(국)지역사회학교
– 어린이교육에 필요한 기자재지원

박상균 / 교장

본교의 어머니회는 박명숙 회장을 비롯하여 114명의 회원으로 조직되어 있다. 본운영회에서는 폐품수집 등 다양한 사업을 전개하여 마련된 기금으로 어린이 교육에 필요한 각종 기자재를 지원하여 왔다. 특히 지난 6월에는 무선전화기와 인타폰을 각 교실에 설치하여 어린이는 물론 선생님의 업무연락과 외부 전화를 교실에서 받을 수 있도록 시설한 것을 비롯하여 괘도걸

이 3점, 어린이 야외학습용 10평짜리 천막 1조등을 기증한바 있다.

작년에는 컴퓨터실에는 보안용 철책을 지난 5월 8일 어버이날에는 학구 내의 노인 80여명을 모시고 경로 잔치를 베푼 일도 있다.

월 1회의 모임에서는 어린이교육에 필요한 정보를 상호교환하여 어린이 교육에 필요한 식견을 높이고 있을 뿐만 아니라 지역사회의 발전을 위한 방안을 학교와 협의하여 수집하고 실천에 옮기고 있다.

■ 제원 유덕(국)지역사회학교
– 학교를 내집 같이 다듬는다.

이준규 / 교장

아름다운 국립공원 월악산록에 위치한 조그만 지역사회학교 유덕국민학교 어머니회에서는 농촌 일손이 바쁜 틈에도 학교를 내집 같이 다듬는다는 정성으로 어린이들의 교육을 위해서는 물심양면으로 아낄줄 모르고 헌신적인 활동을 하고 있다. 지난 가을운동회 때는 음식을 장만하여 잔치를 베풀고 지역사회 축제의 날로 남녀노소 학부모 비학부모를 가리지 않고 지역사회 일체감을 조성했다. 앞으로 농한기가 되면 교양강좌, 자녀교육, 생활개선, 취미오락등 다양한 프로그램을 구성하여 보람있는 활동을 전개하고자 지역사회교육에 이바지할 각오와 기대에 부풀고 있다.

■ 충주 단원(국) 지역사회 학교
－ 지역사회 도서실 마련

문화자 / 교사

독서의 계절을 맞이하여 지역사회학교에서는 새로운 모습의 도서실이 마련되었다. 허름한 교사(校舍)를 알뜰히 보수(시가 2,000만원)하여 본교 어린이 및 지역주민의 꿈을 키워줄 훌륭한 도서실로 개축하였다. 현판식을 마치고 참석했던 어머니회 임원과 좋은 지역사회학교를 만들기 위한 여러가지 방안을 협의했다. 연중무휴 개방되어 이곳 지역사회 학부모와 교사 학생들이 마음껏 독서를 즐길 수 있을 뿐아니라, 만나서 대화할 수 있는 전형적인 농촌의 문화센타로 구실을 하며, 본격적인 단월지역사회학교로서의 면모를 갖추게 해주었다.

■ 제원 유덕국 지역사회학교
－ 도서 기증식

1990년 10월 16일 오후 2시 유덕국 교직원, 아동, 운영회 임원 40여 명이 참석한 가운데 한국지역사회교육후원회로부터 1,560권의 아동도서를 기증받았다. 본교는 문화적인 혜택이 적은 아동들의 교양을 넓힐 수 있도록 교실마다 독서방을 꾸몄다. 학교 측은 물론 운영회 임원들은 이제 도서량이 늘어나 독서방이 제대로 면모를 갖출 수 있게 되었다며 매우 흐뭇해하였다.

■ 지역사회학교 운영을통한 교육환경개선

김정대 (주성 지역사회학교 어머니회장)

사람들은 여러 환경 속에서 살아가고 있다. 이 중에서 신비한 자연의 변화도 있고, 여러사람이 모여 사는 이웃이라는 사회환경도 있으며, 좁게는 가정도 있고 학교도 있다.

현시대가 물질의 풍요로움과 지나친 서구 문물의 영향으로 도덕성이 결여되어 가고, 미풍양속이 점점 더 퇴색 되어 가고 있다. 또한 편파적인 대중매체와 늘어나는 불량 만화업소와 오락시설등, 이러한 학교 주변 환경속에서 아이들은 그대로 보고 느끼며 자라나고 있다.

율곡의 어머니가 아들의 교육을 위해 여러번 이사를 했다는 일화에서도 알수 있듯이, 교육환경을 중시하는 것은 예나 지금이나 변함이 없다. 그러나 좋은 환경을 찾아다니기보다 스스로 좋은 환경을 만들어 나갈 때 보람 있지 않을까 생각한다. 그러기 위해서는 학교와 가정과 지역사회가 삼위일체를 이루어 꾸준한 노력을 해야 할 것이다.

주성국민학교는 청주의 가장 중심지에 위치한 비교적 좋은 입지조건 속에서 훌륭하신 교장·교감선생님을 모시고, "슬기롭고, 예의 바르며,튼튼한 어린이"를 길러내기 위해 담임선생님들의 열성적인 지도로 충실한 하루 하루를 엮어 나가고 있다.

금년에 들어서 주성국민학교의 가장 기쁜 일이라면 무엇보다도 이부제 수업이 해소되어 아이들이 정상적인 교육환경속에서 배움에 정진하고 있다는 점이다. 다시금 부족한 저에게 어머니 회장이라는 중책을 맡겨 주신 회원님께 감사드립니다.

우리는 이 지역 사회의 지역주민으로서 학교발전을 위해, 나아가 지역사회발전을 위해, 좀 더 바람직한 교육환경을 만들어야 할 책임이 있는 것이다.

새회장이라는 새로운 마음가짐으로, 임원·회원님들과 항상 이해하는 양보정신으로 주성의 교육 환경 개선에 자그마한 보탬이 되기 위해 열심히 뛰어야겠다.

지역사회 교실 건축 개관

강사숙 / 청주 복대지역사회학교 운영회장

　가을을 시샘하는 늦더위가 기승을 부리는 1991년 9월 30일 오전 10시 30분, 청주 복대 국민학교(교장 연병권)에서는 한국지역사회교육 충북협의 회장님을 비롯하여 청주, 청원 교육장님, 충북도의회 의원, 청주시의회 의원, 그리고 각 기관 단체장, 각급 학교 교장 및 학부모 등 300여 분을 모신 가운데 지역사회 교실 개관식이 성대하게 열렸다.

　이번에 충북 최초로 개관된 지역사회 교실은 89평의 조립식 건물로 앞으로 각종 교내 행사는 물론 지역 주민을 위한 교실로 활용될 예정이며, 개관 기념으로 어린이, 교사, 학부모가 참가한 시화, 서예, 그림, 공예작품 전시회도 열어 개관식을 더욱 빛나게 했다.

본교 최대의 숙원사업인 지역사회교실 개관은 '모두가 배우고 모두가 가르치는 사회'를 지향하고 열악한 교육 환경을 개선하기 위해 지역 유지 및 학부모님들의 정성 어린 마음이 모여 막대한 예산을 투입하여 착공 3개월 만에 역사적인 개관을 보게 되었다.

복대 국민학교는 신설학교로서 비록 연륜은 짧지만 '학교는 지역사회의 공기를 마시며 자란다'는 말처럼 어린이, 학교, 학부모 모두가 한 가족이 되어 사랑과 존경과 이해의 풍토를 조성하며 배움의 요람이자 지역사회의 문화센터로서 더욱 새롭고 알차게 발전에 발전을 거듭할 것이라고 확신한다.

▶ 지역사회 교실 개관, 평생교육 센터 개관

복대초등학교는 지역사회학교를 꾸준히 실천하온 학교입니다. 김영명 부회장님이 지역사회학교를 만들고, 연병권 교장선생님, 그리고 손찬극 교감선생님, 강사숙 운영회장님이 이어 꽃을 피웠습니다. 정말 멋진 하모니라 할 수 있습니다.

최근 유휴 공간을 행복학습센터로 지정하는데 복대초교는 행복학습센터 역할을 할 수 있는 지역사회 평생교육 교실을 마련하였으니 앞서가는 평생교육학교라 할 수 있습니다.

그런데 최근 복대초교는 학생수가 줄어 폐교가 되었습니다. 폐교를 충북교육청이 중앙교육도서관을 리모델링하면서 임시 도서관으로 활용하고 있습니다. 얼마후 중앙교육도서관 리모델링이 완료되면 복대초교는 빈 공간이 되기 때문에 충북교육청에서 주민들의 교육문화복합센터로 사용할 계획이라고 합니다.

지역주민의 평생교육 공간, 평생학습센터의 역할을 할 수 있길 기대해봅니다.

4.
충북 최초 지역사회학교 조직 – 제천 청전초교 (1985년 7월)
'학교, 가정, 사회를 잘 연결시켜주는 주민 평생교육의 장 운영'

한표응 / 제천 청전국민학교장

본교에 지역사회학교운영회가 조직된 것은 1985년 7월입니다.

조직 초기 지역민에게 지역사회학교 조직의 필요성과 활동에 대해 계몽하여 희망별로 주부교실, 성인교실, 노인교실, 청년교실을 조직하여 사업계획을 수립 본교의 실정에 맞는 프로그램을 작성하여 운영하였습니다. 초기에는 지역민의 이해와 관심이 부족하여 출석율이 저조함에 따라 프로그램대로 시행함에 애로점이 한두가지가 아니었습니다.

다시 운영의 문제점을 분석하여 지역민의 이해도를 높이기 위해 85년 10월 지역주민 124명과 관내 초·중·고 교장들이 참석하여 현대 고등학교 정희경 박사님을 초청, 지역사회학교의 필요성과 할 일에 대하여 강의를 청취한 결과 참석한 모든 분들이 정박사님의 강의에 감동하여 지역사회학교의 필요성을 절실히 깨달아 대성황을 이루었습니다.

그리하여 금학년도에는 지역의 실정에 맞추어 농촌지역은 성인교실을 활성화시켜 농민들이 필요성을 느끼는 농작물 재배기술에 대하여 농촌지도소장과 서로 상의하여 실시하기로 하고 주부교실은 매월 1회씩 모임을 갖고 지방의 유력한 인사를 초빙하여 프로그램에 의하여 움직이도록 하고 있습니다.

특히 5월 30일에는 강원도 원주시 가나안 농군학교 교장님을 초청하여 「한국주부와 경제생활」에 대한 강의를 듣기도 하였습니다. 지난 5월 8일 어버이 날에는 학구내 자연 부락 단위로 노인잔치를 일제히 실시하였습니다. 어느 부락은 돼지를 한마리 잡는 등 풍성한 잔치를 마련하여 노인들이 즐거워 했습니다. 학교행사로는 5월 9일 경로 효친을 위한 학예 발표회를 개최하여 507명의 노인들이 참석하여 성황을 이루었습니다.

화려한 의상의 부채춤, 발레, 창, 독창, 웅변, 동화, 동극 등이 다채롭게 진행되었는데 특히 북한 공산당의 노인들에 대한 학대 실정을 적나라하게 파헤친『천벌을 받으리』란 제목의 동극은 내용이 감동적이어서 참석하신 노인들이 손수건을 꺼내 눈을 닦으시며 흐느낄 정도였습니다. 또 효성이 남달리 지극한 분은 부르 단위로 효행사례를 조사하여 교육장 학교장이 표창하여 모든 젊은이들이 본 받을 수 있도록 하였습니다. 수상을 받은 분들의 사례는 1986년 9월 경로효친 수법사례집을 학교자체로 발간하고자 추진중에 있습니다. 이상과 같이 본교에서는 평생교육장을 주거지역의 학교로 하여 주민들에게 개방된 학교, 가정, 사회를 잘 연결시켜주는 학교로 만들기 위해 민들과의 유대강화에 최선을 다하고 있습니다.

처음에는 무관심하던 주민들이 이제는 학교를 친밀하게 느끼고 적극 협하여 지역사회학교도 계속 발전이 있으리라 생각합니다.

제7장

학부와 지역주민의
평생교육 배움터가 되는
지역사회학교

1. 좋은 부모, 우선 부모교육부터
- 부모교육 정규 프로그램 열풍

■ 제천 의림국교 – 전통예절실 운영

여름방학 동안 쉬고 있는 학교의 인적·물적 자원을 활용하여 지난 7월 25일부터 8월 30일까지 4기로 나누어 전통 예절실을 운영하였다. 어머니교실 회원 중 35세 이하를 대상으로 기별 30명씩, 총 120명이 참가하였다. 지역사회학교 전통 예절실을 통하여 우리 전통 윤리인 경로효친 사상을 드높이는 계기가 되었으며, 가정으로 파급되어 현대에 맞는 전통 예절을 생활화하는 데 크게 보탬이 되었다.

■ 충주시 지역사회학교 연합
– 부모역할교육 운영

1990년 10월 6일부터 매주 토요일 3주에 걸쳐 충주예능학원(원장: 윤행원, 충주여중 운영회장)에서 충주여중, 충일중, 예성여중, 남산국 회원 45명이 참석한 가운데 부모역할교육이 있었다. 한국지역사회교육협의회 장승자, 노유순, 김경희, 박성희 강사가 교육을 맡아주었는데 참가한 회원들은 지금까지 자녀들과의 대화방법을 반성하며 부모역할을 올바르게 수행할 수 있는 방법을 익히기에 매우 열중하였다. 10월 20일에는 기초과정 수료식이 있었는데 수료증을 받는 19명의 회원 중 대표로 윤행원 운영회장에게 김근세 협의회장이 수료증을 전달하였다. 아울러 상급과정 신청이 들어와 11월 4일부터 5주에 걸쳐 상급과정을 실시할 예정이다. 중점게재하여 지역사회학교 간의 정보교환에 도움을 주었다.

■ 주성국·청주중 연합
– "효과적인 부모역할훈련" 학부모들 참여

총 24시간 훈련 과정으로 매주 한 번씩 모여 3시간 동안 교육받아.
1월 11일 주성국, 청주중 회원 15명이 참가한 가운데 효과적인 부모역할 교육 강좌 문을 열었다.

한 주에 3시간씩 8주간에 걸쳐 이루어지는 이 교육은 1월 한 달간 자녀들에게 걸림돌 안쓰기, 아이의 마음을 그대로 읽어주는 반영적 경청법 등을 실습하였다. 참가자들이 교육 전의 자녀와의 대화법을 깊이 반성하며, 효과적인 부모역할 수행능력을 키우기 위해 열중하는 모습을 엿볼 수 있었다.

■ 청원 내수중 부모교육강좌

1992년 4월 26일 오후, 내수중 음악실에서 어머니 40명이 참석한 가운데 부모교육 강좌가 열렸다. 이날 충북교육연구원 오세균 장학관은 '바람직한 자녀교육'이란 주제로 부모가 자녀의 모델이 되어야 함을 강조하면서 자녀를 위한 어버이의 기도, 교육의 50훈, 부모교육 도서를 소개해줌으로써 바람직한 부모역할에 큰 도움을 주었다. 앞으로도 부모교육강좌를 지속적으로 전개할 예정이다.

2.
내 아이와 함께 성장하는 학부모들

■ 어머니 취미교실 운영 석용무

사직초교 / 교사

교육은 현실 사회를 떠나서 성립될 수 없으며 학교 또한 지역 사회를 떠

나서는 성립될 수 없다. 학교의 지역화를 위하여 지난 3월 22일 91학년도 어머니 총회를 개최, 종전 '새마을 어머니회'를 지역 사회학교 운영에 기여케 하고자 전체 어머니를 대상으로 '지역사회학교 운영회'로 개편하여 새로운 임원진을 구성, 교육 과정의 지역화를 기본으로 각종 교양 강좌 등 10여개의 새로운 사업계획을 수립, 실천하기로 하였다.

그 중 어머니 취미 교실을 운영한 사례를 다음과 같이 소개한다.

동호 취미 교실 운영을 위한 경향 조사를 한 결과 학자모들의 학력이 높고(고졸이상 70%), 취미 경향은 다양(컴퓨터 23.1%, 전통음식 13.5%, 지점토, 등공예, 서예, 가창, 신체조, 미술, 꽃꽂이 등)하나 이를 뒷받침 해줄 수 있는 여건조성이 되어 있지 않아 무료한 여가(여가 시간이 1~3시간의 학자모가 63.5%)를 보내므로, 교사, 학자모 서로가 교양, 취미활동, 건강 증진, 새 생활을 위한 정보 교환으로 건전한 여가 선용을 위한 계기를 마련 제공하여야 한다는 결론을 얻었다.

학자모의 취미 경향 조사에 따라 관심이 많은 7개 부서(컴퓨터, 전통음식, 지점토, 등공예, 서예, 가창, 신체조)를 선정하여 부서별로 자율적으로 운영하되 담당 교사를 배치하여 적극 협조토록 하였다.

방과후 저학년 교실을 이용하여 주1회 실시하는 것을 원칙으로 하되 희망에 따라 늘릴 수 있도록 한 결과 등공예, 컴퓨터, 리듬 체조는 주2회씩 실시하고 있으며 부서별 상호 활동 정보교환 등으로 지역 사회의 유능하고 기능있는 자원 인사를 초청하여 노작 활동에 도움을 받고 있는 부서가 5개 부서이고, 회원중 기능 보유자가 있는 부서가 1개 부서이며 컴퓨터부만은 학교 교사의 도움으로 활동하고 있다.

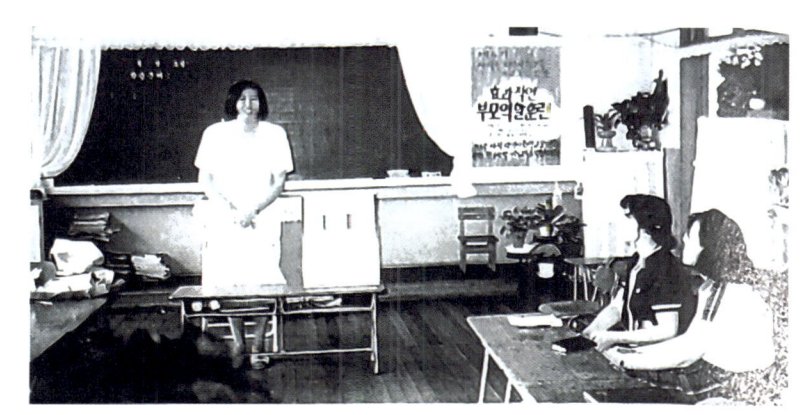

사직초교 부모역할훈련 (1991.6.18.)

처음에는 호기심에서 희망 부서를 지원하였다가 '어떻게 하지?'의 망설임, 준비물 갖춤, 부끄러움, 긴장 속에서 학교에 나왔다가 돌아가는 학자모들이 있어 참여율이 적었다. 그러나 담당 교사와 회원들의 적극적인 참여로 지금은 상호 시샘속에서 정해진 시각보다 30~40분 먼저와 연습도 하고 우수작을 만들려고 애쓰고 있다.

2-4살 된 어린 꼬마 둘을 업고 오는 엄마도 있어 가끔 교실에서 아기의 울음 소리가 들린다. 수업이 끝난 어린이들은 '우리 엄마는 무엇을 어떻게 하시나?' 궁금하여 교실마다 찾아가 엄마의 활동을 보며 옆에서 거들어 드

리고 꼬마 동생도 돌보는 정경을 보노 라면 바로 이것이 '교육의 지역화'는 물론 도덕성 회복과 상부 상조의 기반 구축의 '산 교육장'이 아닌가 생각도 된다.

특히 컴퓨터 교실은 45명이 2개반으로 나누어 초보자는 8피트로, 숙달된 자모는 16비트 컴퓨터로 기능을 익히고 있다.

학교의 시설과 지역 사회의 전문 인사 초청으로 운영하고 있는 어머니 취미교실 운영은 어머니들의 여가 선용은 물론 청소년의 건전한 성장을 돕기 위한 소양과 기능이 눈부시게 향상되어 자녀에 대한 부모 역할 활동이 날로 향상되어 건전한 가정 육성과 회원 상호간에 친목을 돈독히 하고 있으며 나아가 21세기를 지향하는 올바른 민주 시민 의식을 드높이는데도 크게 기여하고 있다.

오는 10월에는 기능 발표 대회(컴퓨터, 전통 음식,가창, 신체조)와 작품전시회(지점토, 둥공예, 서예)를 2,400여 어린이들과 어울려 개최할 예정이다.

3. 지역주민의 요구에 맞는 평생교육 프로그램 운영

■ 제천 화산국교
- 평생교육 프로그램 운영, 지역사회학교 이념 보급부터 …

지난 5월 27일 충북협의회에서 주최한 교장단 협의회에서 교장님께서 참가하신후 지역사회학교운동의 필요성을 절감하시어 지역사회학교 홍보용 영화 필름(To Touch A Child)을 대여 신청했다. 어머니 230명을 강당에 모아 영화를 통하여 지역사회학교운동의 이념을 보급하는 기회를 가련했다.

■ 청주 서원국교
− 운동장 개방부터 …

서원국 지역사회학교에서는 지역사회학교운영의 방안으로 지역사회에 학교의 운동장을 수시로 개방해 오고 있다.

■ 단양 단양국교
– 평생교육 마인드 함양 특강

단양국 지역사회학교에서는 아이들의 학교교육과 발맞추어 어머니들의 사회교육도 이루어져야 함을 강조하고 있다. 그 일환으로 자모들의 평생교육의 필요성에 대한 특강을 자주 가지므로써 학부모의 올바른 자녀교육과 가정교육관을 심어 가고 있다.

■ 청주 주성국교 – 조기체조반, 꽃꽂이반 운영

지난 6월 1일부터 주성국 지역사회학교 인근지역주민들의 건강증진 프로그램으로 새벽 6：00부터 40분간 조기체조를 운영해 오고 있다. 신선한 공기를 듬뿍 들이키며, 어린이에서 노인에 이르기까지 새벽을 뛰면서 하루를 열고 있다. 자모들과 여교사의 여가선용을 위해 지난 9월 21일부터 매주 수요일 비어있는 교실을 활용하여 꽃꽂이반을 운영해오고 있다.

4.
지역사회 문제 해결에 앞장서는 지역사회학교

■ 청주 복대(국) 지역사회 학교
– 발전하는 복대 지역사회학교 어머니 교실

박노순 / 교사

1일 불우아동 어머니 되어주기

청주 복대 지역사회 학교 어머니 회장 윤인숙씨는 지역사회 어머니회가 발전되려면 지역 주민들에게 필요한 욕구가 무엇인가를 알아 그 욕구를 충족 시키면 자연히 지역사회는 발전될 것이라는 것을 믿고 매월 월례회를 통하여 건전가요와 에어로빅 교양강좌 등 폭넓게 운영한 결과 지난 4,5,6학년

하기 수련대회에는 많은 회원님께서 자발적으로 참석하여 불우한 아동에게 1일 어머니가 되어 주기운동을 전개했으며 더 많은 회원님들이 적극 참여할 뜻을 밝혀 이 사업을 계속적으로 추진할 계획이며 또한 회원님들의 건강을 위하여 여성후생 복지회 강사님을 초청하여 자녀의 성교육 지도와 부모님과의 사랑의 대화 시간 운영 여성의 각종 질병 특히 부인병 예방 조기 자가 진단 요령 강의는 많은 회원들이 호응해 교육의 효과를 높였다.

이렇게 매월 실시한 월례회는 그냥 듣고만 가는 것이 아니라 배우고 가는 월례회가 되어 많은 지식을 얻게 되었다고 하며 160여명의 회원에서 200여명의 회원으로 커가고 있으며 지역사회 학교 어머니 회원임의 보람을 느낀다고 한다.

■ 영동부용(국)지역사회 학교
– 보람을 안겨준 어머니교실

"코스모스 한들 한들 피어있는……"

오늘이 어머니회 월례회임을 알려주는 어머니 회원 60여분의 추억어린 합창 소리이다. 이달의 주제는「여가 활용의 방법」연사는 영동에서 거주하는 주부이며 꽃꽂이 강사 활동 등 여러 사회 활동을 하시는 '김정옥 여사'

들판에 많이 있는 소재를 이용하여 소박한 꽃꽂이를 몇 가지 소개한 데 이어 보다 윤택한 생활을 이루기 위한 토론이 있었다.

어느 어머니는 집안에 꽃을 꽂아놓으니 갑자기 큰 부자가 된 듯한 느낌이었다는 얘기, 틈틈히 독서를 했더니 아이들에게 공부하라는 잔소리가 필요 없어졌다는 말씀이 이어졌다. 아울러 가지고 온 작아진 옷 신발 동화책을 서로 필요한대로 교환하고 점점 추워지는 날씨에 자기 학급의 불우한 어린이를 걱정하였다.

결연이 맺어진 어린이의 속 내의를 사주고 보살펴 주기로 협의하고 추석날 각 학급에 3명의 불우한 어린이에게 안겨준 푸짐한 학용품을 감사히 여기는 지도교사의 말씀을 햇빛처럼 가슴에 안고 부용 국민학교를 뒤로하는 마음은 모두 보람에 가득찼다.

■ 제천 화산(국)지역사회학교
– 학교 발전에 앞장서는 교우회

정금자 / 교사

제천 화산지역사회학교는 개교한지 9년 밖에 안되는 짧은 역사를 가졌지만 어느 학교에 뒤지지 않을만큼 즐거운 학교 자랑스러운 학교로 발전해 가고 있습니다. 화산지역사회학교에서는 3월초 신현대 교장선생님의 남다른 지역사회학교 운영의 활성화를 위하여 아버지들이 자발적으로 참여하는 교우회(아버지회)를 조직하셨습니다.

처음에는 회원님들이 불과 몇분되지 않았지만 지금은 아버지들에게 자주학교에 나올 수 있는 기회를 마련해 주므로서 아버지들의 생각이 우리 자녀가 다니는 학교가 내 학교라는 주인의식을 갖고 좋은 학교 만들기에 참여하는 아버지들이 점차 늘어가고 있으며 화산어린이 방송극 개국에도 교우회장님을 비롯한 회원님들의 성금 400만으로 방송국 개국에 기틀을 마련해주었고 급변하는 정보화시대에 우리 화산 어린이들도 시청각 교구 활동에 많은 도움을 주고 있습니다.

또 화산하면 탁구할 정도로 탁구가 유명한 화산입니다. 충북도대회1위 전국대회 개인2위 입상등 이 모든 영광도 교우회원님들의 자발적인 후원과 격려로 좋은 성과를 거둘수 있었습니다.

오늘도 화산의 교우회원님들은 평생교육의 장으로 생각하고 어려운 여건 속에서도 노력하는 마음으로 좋은 학교 만들기에 앞장서서 화산 지역사회학교는 더욱더 발전하리라 믿습니다.

당시 우리나라에서 운영되었던 지역사회학교 평생교육 프로그램

1988. 2

대상	프로그램분류	내용
주부	교양강좌	교육 —어머니 과학교실, 정서생활과 성교육, 현대사회와 인간관계, 10대 무엇이 문제인가, 용돈문제, 학습습관과 엄마의 대화법, 독서와 자녀교육, 미래를 생각하는 자녀교육, 어린이의 사회적 성장, 아동들의 방학생활지도, 성적평가기준의 실제, 내자녀 얼마나 알고있나?, 바람직한 어머니상, 외국인에게 비쳐진 우리교육의 문제점, 지역사회학교운동과 자녀교육, 어린이 교육의 원리, 쫓기는 아이들, 만화가 어린이 교육에 미치는 영향, 학부모 교육강좌, 가정에서의 산수교육 철학 —참다운 인생론, 문학속의 삶, 평범을 비범으로 건강 —체력향상을 위한 식생활개선과 두뇌개발, 가족의 건강관리, 국민학교 아동의 시력관리, 현대인의 건강과 스포츠의 필요성, 중년여성의 건강과 주부생활, 현대인의 정신건강, 체질의학으로 본 가족건강 눈의 중요성과 안과질환, 여성건강 자가진단 및 관리 생활 —우리의 전통예절과 한복의 미, 바른 식사법, 전자레인지의 정확한 사용법 물과 우리생활 여성 —여성과 가족법, 여성의 사회참여와 지역사회학교운동, 부부간의 갈등 경제 —알뜰한 소비생활, 가계부 기록 및 생활설계, 증권에 대한 일반상식 기타 —교육환경개선 토론회 신입생 학부모강좌
	취미교실	일어, 영어회화, 사진, 꽃꽂이, 운전, 등산, 합창, 수영, 서예, 홈패션, 바둑, 지점토, 분재, 가곡부르기, 데코파쥬, 볼링, 등공예, 양초공예, 요리, 컴퓨터, 아트플라워, 쿠키만들기, 기타, 탈춤, 테니스, 체조교실, 묵화, 사군자, 에어로빅, 손뜨개, 사물놀이, 탁구
	주부대학	현대사회와 인간관계, 사회변동과 청소년, 가족건강과 식생활, 자녀와의 대화 아동의 지적발달과 교육
	주부대토론회	10대 자녀교육 무엇이 문제인가?, 자녀교육에 대한 부모역할 이대로 좋은가? 용돈문제, 만화가 어린이 교육에 미치는 영향
어린이	교육·취미	에어로빅, 수영, 주말체육교실, 독서교실, 학습부진아 지도
아버지		아버지 모임
노인		노인교실, 노인대학
부부및가족		새이웃의 밤
기타	지역개발	시설방문(고아원, 양로원), 경로잔치, 명예사서제, 자매학교 방문 및 초청, 일일교사 장학금전달, 장한 어린이 표창, 불우아동돕기, 도서실 운영 봉사, 노인정 방문, 청소년선도, 학교시설지원, 운동부지원, 이발봉사, 자매부대위문, 헌책 바꿔보기, 헌옷 바꿔입기, 맞는 옷 물려입기, 지역 인사방문(소방서, 파출소), 자연보호활동, 아침체조교실, 도서기증, 교통질서 캠페인, 주민요구조사
	모금사업	공동구매, 교내 문방구 무인판매, 알뜰서장 개최, 도서바자, 음식바자, 일일찻집, 꽃판매
	회원	견학(식품공장, 도자기공장, 기타 산업체 및 유적지), 회원야유회, 케익만들기, 생일카드, 연하장발송, 작품전시회, 회원수첩제작, 주부백일장, 요리강습, 칵테일 만들기, 카메라 강습, 등반대회, 회원증 발급, 가정용큐손, 커텐 장식, 가을철 피부손질, 사탕부케 만들기, 폭댄스, 과자상자 만들기, 크리스마스 장식만들기, 월례회 개근상, 회원배구대회, 회원생일 축하꽃 달아주기, 회원의 날 개최
	홍보	새이웃 발간, 사진으로 본 지역사회학교 활동 전시, 사진 전시회,
	기획	교사 간담회, 신·구임원 좌담회, 역대회장 간담회, 명예교사 토론회, 스승공경행사, 스승께 편지쓰기

제8장

지역사회학교 평생교육 핵심 프로그램 - 부모교육 보급

(출처: 중앙새이웃、충북새이웃、총회 자료、부모교육 자료 등)

1.
지역사회교육운동과 부모교육

한국지역사회학교후원회가 발족하게 된 배경이 "To Touch A Child"입니다. 한 어린이를 잘 기르기 위해서는 좋은 가정, 좋은 학교, 좋은 지역사회를 만들어야 한다는 것입니다. 미국의 프린트시 쿠크 학교에서 성공한 사례가 담긴 영화 한 편이 들어와 학교를 중심으로 평생교육을 실천하는 단체를 탄생시켰습니다.

지역사회학교는 학교 문을 활짝 열고 좋은 가정을 만들이 위한 부모교육을 실시하였습니다. 좋은 학교를 만들기 위해 좋은 아이로 성장할 수 있도록 건실한 청소년 성장지도 프로그램을 운영하였습니다. 좋은 지역사회를 만들기 위해 지역주민이 성장 발전할 수 있도록 주민 요구와 지역 특성에 갖는 평생교육 프로그램을 개발 운영하였습니다.

특히 좋은 아이로 성장할 수 있도록 하기 위해서는 좋은 부모가 되어야 한다는 구호 아래 부모교육 프로그램을 개발 보급하는데 주력했습니다.

부모교육 심포지엄, 부모교육 세미나 등을 개최하여 부모교육의 실천방안을 모색하였습니다.

1989년에는 미국 토마스 고든이 개발한 PET(Parent Effectiveness Traning / 부모역할훈련)를 도입하여 부모역할훈련 강사를 양성하였습니다. 정주영 회장님은 부모교육의 중요성을 깊이 인식하고 부모역할훈련 보급을 지원해주어 전국 지역사회학교를 통해 부모역할훈련을 급속도로 확산할 수 있었습니다.

저는 부모역할훈련(PET)을 받은 부모들이 변화되고 좋은 가정으로 바뀌어 가는 것을 보면서 충북협의회에도 1989년부터 도입하여 제 기억으로는 43기까지 운영하였습니다.

교육이 끝나는 것을 아쉬워했던 부모들은 후속 모임을 갖으며 좋은가정 만들기 모임을 결성하기도 했습니다. 구체적인 내용을 살펴보도록 하겠습니다.

■ 부모교육을 통한 건전청소년 육성
- 정주영 (본회 회장 / 현대그룹 명예회장)

청소년의 건실한 성장을 위해서는 부모의 노력이 절대적이라고 해도 과언이 아닐 것입니다. 이를 위한 부모교육은 꼭 필요한 일입니다.

새이웃 회원의 날, 개회식 발췌 -

이제 우리 지역사회교육운동의 20년간의 활동을 재평가하면서 지금까지의 우리의 노력을 좀 더 구체적이고 집중화시킬 때라고 생각합니다. 청소년의 건실한 성장을 위해서는 부모의 노력이 절대적이라고 해도 과언이 아닐 것입니다. 이를 위한 부모교육은 꼭 필요한 일입니다. 부모교육을 통해 자신의 성장을 도모하고, 가정의 화목 그리고 청소년 문제 해결에 동참함으로써 지역사회의 성장까지도 궁극적으로 가능한 일일 것입니다. 회원 여러분, 여러분은 숭고한 봉사자로서 우리 사회의 주춧돌이 되길 희망합니다. 그 반석 위에서 우리의 청소년이 건전하게 성장하고, 나아가서 우리의 미래는 밝게 되리라 생각합니다. 부모교육을 통해 미래 지역사회교육운동의 초석이 다져지길 기대하며, 회원 여러분의 건강과 안녕을 기원합니다. -

■ 진천 덕산중·삼수국·한천국
– 운영회원 부모교육

　1992년 5월 14일 진천 덕산중 · 삼수국 · 한친국 회원 80명이 참석한 가운데 주성민 중앙협의회 전 상구이사의 특강이 있었다. 이번 강의는 '부모성장과 자녀교육'이라는 주제로 진행되었는데, 훌륭한 어머니가 선행되어야 함을 강조하면서 이를 위해 학교에서 마련된 프로그램에 적극 참여하여 배우는 어머니의 자세를 갖추어야 한다고 설명하였다. 특히 덕산중학교는 시범 지역사회학교로서 프로그램을 어떻게 운영해야 하는지에 대해서도 많은 도움을 받았다.

2.
지역사회학교 핵심 프로그램
- PET(부모역할훈련)을 확산하다

효과적인 부모역할 교육

효과적인 부모역할훈련(P.E.T.)

"어린이에게는 백사람의 교사보다 훌륭한 부모의 교육이 더 중요하다"는 말처럼 가정에서 부모의 역할은 무엇보다 중요합니다. 특히 가정의 핵가족화 현상이 보편화 되고 한자녀 가정이 늘어가고 있는 오늘날의 가정현실에서 편하게 대화할 수 있는 부모·자녀간의 관계 수립이 절실히 요구되고 있습니다.

효과적인 부모역할훈련 프로그램은 부모, 자녀간에 좋은 관계를 유지하면서 문제해결에 접근할 수 있는 필수적인 기술을 습득케 하여 상호성장을 도모하는데 도움을 줄 것입니다.

* 이 프로그램에 담겨있는 것은?
1. 부모로 하여금 자녀의 문제를 효율적으로 경청하는 법을 배우도록 합니다.
2. 부모의 생각 및 의견을 솔직하게 표현하는 방법을 습득할 수 있도록 합니다.
3. 부모와 자녀 간에 상호협력하여 문제를 해결하는 방법을 습득할 수 있도록 합니다.

* 어떻게 실시되나?
이 프로그램은 주 1회 3시간 8주간(총 24시간) 실시되며, 교육방법은 이론강의, 실습, 토의의 방법으로 진행됩니다. 한 학습집단은 20명 정도가 적당하며, 참가비는 45,000원(교재대 포함)입니다. 그리고 필요에 따라 입문강좌(2~3시간)도 실시할 수 있습니다.

입문강좌

* 어떠한 효과를 기대할 수 있나?

1. 자녀의 문제행동에 변화를 가져 옵니다.
2. 부모와 자녀가 서로 존중하고 서로 돕는 관계가 됩니다.
3. 부모는 자녀에게 좋은 대화 상대자가 되고 서로 친밀하고 따뜻한 관계를 유지하게 됩니다.
4. 부모와 자녀가 서로 보다 나은 정신적 성장의 길을 걷게 됩니다.
5. 부모, 자녀간의 관계 뿐 아니라 일반적인 인간관계도 개선됩니다.

* 어떻게 이 프로그램에 참여할 수 있나?

이 프로그램의 실시를 원하는 학교나 개인은 다음 회 연락처로 문의하시면 도움을 받으실 수 있습니다.

* 누가 이 프로그램을 지도하나?

이 프로그램은 미국의 토마스 고든(Thomas Gordon) 박사에 의해 연구 개발된 것으로, 부모역할교육의 지부인 한국심리상담연구소에서 Gordon's P.E.T. 강사 자격증을 취득한 한국지역사회교육중앙협의회 장승자 회장 (02-594-4626) 외 10명의 부모역할훈련 강사들이 지도합니다.

더 좋은 부모가 되기 위하여

서로의 경험을 나누는 토의모습

■ 충주시 어머니회원 부모교육

7월 13일 오후 2시 충주시 여성회관에서 충주시 어머니회원 385명이 참석한 가운데 회원 교육이 이루어졌습니다. "지역사회학고 탄생"이란 영화 상영이 있은 후 후원회 주성민 총무가 "지역사회교육운동과 자녀교육"에 대하여 강의를 해주었는데, 이날 강의를 듣는 회원들은 매우 진지하였으며, 부모역할의 중요성을 재인식하는 모습이었습니다.

■ 충청북도 학교 어머니회 부모역할훈련 특강

10월 중에 효과적인 부모역할훈련 입문강좌가 지속적으로 이루어졌다. 10월 4일 오후 15시30분 단재교육원 강당에서 있었던 충북학교 어머니임원연수는 주제가 "효과적인 부모역할훈련"이었으며, 이날 수필가인 정태원 강사가 강의를 해주어 참가자들로부터 크게 호응을 얻었다. 송정 어머니 연합회장은 효과적인 부모역할훈련은 자녀를 둔 어머니라면 누구든지 받아야 하는 교육임을 강조하며 분임토의 시간까지 마련하여 충북도내에 효과적인 부모역할훈련 확산에 열의를 보였다. 또한 10월 18일 오후 2시30분 괴산군 민회관에서 괴산군 여교사 300명이 참석한 가운데 이민정 강사는 "효과적인 대화를 통한 인간관계형성"이란 주제로 강의를 해주어 교사들에게 효과적인 부모역할훈련의 필요성을 심어주었다. 단위학교에서도 이루어졌는데 내수중, 봉명중, 덕성국, 남한강국 회원을 대상으로 정태원 강사가 강의를 해주었다

■ 청원군 두산국교 운영회 정기총회 및 P.E.T 입문강좌

본 운영회는 1992년 3월 13일 오후 3시, 두산국민학교에서 회원 50명이 참석한 가운데 운영회 정기총회를 개최하였으며, 회장직에는 이옥연 회장이 연임되었다. 총회 후에는 진영진 교장의 인사말에 이어, 충북협의회 김영옥 간사가 지역사회학교에서 실시할 수 있는 다양한 프로그램을 소개하는 시간이 있었고, 이어 김성순 강사의 '효과적인 부모역할훈련(P.E.T)' 입문강좌가 진행되었다. 참가자들은 특히 대화법에 깊은 관심을 보이며 진지하게 강좌에 참여하였다. (이옥연 운영회장)

충북새이웃 10호 발간 10월 26일 충북새이웃을 4×6배판 16면으로 1,700부 발간하였는데, 주로 각 지역사회학교 운영회 활동과 부모교육 프로그램에 대해 게재하였다.

■ 청원 내수중 부모교육강좌

1992년 4월 26일 오후, 내수중학교 음악실에서 어머니 40명이 참석한 가운데 부모교육 강좌가 열렸다. 이날 충북교육연구원 오세균 장학관은 '바람직한 자녀교육'이라는 주제로 강의하며, 부모가 자녀의 모델이 되어야 함을 강조하고, '자녀를 위한 어버이의 기도', '교육의 50훈', '부모교육 관련 도서' 등을 소개하여 바람직한 부모 역할에 실질적인 도움을 주었다. 내수중은 앞으로도 부모교육 강좌를 지속적으로 전개할 계획이다.

■ 제천 동명국민학교 운영회
- P.E.T. 입문강좌 실시

1992년 4월 17일, 동명국민학교 강당에서 본 운영회는 회원 200명을 대상으로 '효과적인 부모역할훈련(P.E.T.)'에 대한 입문강좌를 개최하였다. 강의는 김경회 강사가 진행했으며, 참석한 회원들은 그동안의 자녀와의 대화 방식을 돌아보며, 심리학에 기초한 효과적인 대화법에 대해 진지하게 경청하였다.

■ 증평여중 P.E.T 입문강좌

1992년 7월 10일, 증평여중 가사실에서 회원 50명이 참석한 가운데 김성순 강사의 지도로 효과적인 부모역할훈련(P.E.T) 입문강좌가 실시되었다.

■ 11개교 효과적인 부모역할훈련 입문 강좌 운영

1993년 6월을 효과적인 부도역할훈련 봉사기간으로 정하고 각 지역사회학교와 시·군교육청에 프로그램을 보급하는 차원에서 입문강좌를 실시하였다.

6월 8일 옥천 죽향국교를 시작으로 청주여고, 제천의림여중, 충주교현국, 제천중앙국, 청원내수중 등, 영동교육청 관내 초·중·고 어머니회장, 진천여중, 단양국,

7월 2일 대미국, 중원중 회원을 대상으로 김성순, 김현순 강사가 진행하였다.

■ 효과적인 부모역할 연수

1992년 3월 12일 오전 10시, 효과적인 부모역할훈련 정규과정을 이수한 회원 30명을 대상으로 효과적인 부모역할훈련 연수를 실시하였다. 매주 목요일에 2시간 30분씩 4주간 진행된 총 10시간 과정의 이번 연수는, 정규과정을 이수한 회원들이 이를 실제 상황에서 보다 잘 활용할 수 있도록 돕기 위해 기획되었다. 참가자들은 이번 연수가 P.E.T.의 실지 활용을 위한 좋은 기회가 되었다고 입을 모았으며, 앞으로 '아기 잘 기르는 모임'을 조직하여 배운 기술을 실천에 적용하고, 인간관계 향상을 위한 프로그램에도 적

극 참여하여 지속적인 교육 효과를 꾀할 계획이다.

■ 제18기 효과적인 부모역할훈련 실시
— 아버지들의 참여로 관심 고조

1992년 3월 20일, 청주시에서 어머니와 아버지 총 8명을 대상으로 제18기 효과적인 부모역할훈련 정규과정을 시작하였다. 권현중 강사의 지도로 진행되는 이번 정규과정은 처음으로 아버지들이 참여함으로써 많은 관심을 불러일으키고 있다. 앞으로도 부모교육 프로그램에 더 많은 아버지들의 참여가 이어지기를 기대한다.

■ 제21기 P.E.T. 수료식

직장인을 위한 제21기 P.E.T. 정규과정이 1992년 8월 24일 종료되었으며, 참가자들은 가을 연수에 대한 기대감을 보였다.

충북협의회 효과적인 부모역할훈련 강사자격증 3명 취득 9월 7일 한국심리상담연구소에서 발급하는 효과적인 부모역할훈련(P.E.T.) 강사자격증을 본 협의회원 3명이 취득하게 되었다. 해당자는 권현중(전 증평여중교장), 정태원(청주중 운영 회장), 김성순(청주중 운영회임원) 회원으로 지난 1월 본 협의회에서 개최된 효과적인 부모역할훈련 정규과정을 마치고, 한국심리상담연구소에서 마련한 강사과정을 이수하여 취득하게 된 것이다. 이에 충북의 부모교육 확산발전에 더 큰 기대가 모아진다.

■ 효과적인 부모역할훈련 수료식

여름방학동안 이루어진 5,6,7기 효과적인 부모역할훈련이 결실을 맺어 9월 17일, 19일 수료식을 가졌다. 5기는 청주시 어머니 임원, 6기는 청주 사직국 회원, 7기는 흥덕국 회원으로 각각 수료증을 받았다. 참가자들은 크게 보람을 느끼며 이번 교육이 끝난 후에도 덤모임을 만들어 계속 부모역할 기술을 배워나갈 계획이다. 한편 9월 16일 청주시 어머니 15명이 참석한 가운데 8기 교육이 시작되었다. 매주 월요일 10시부터 3시간씩 이루어지는데 지도는 이상례 강사가 하고 있다.

■ 충북협의회 효과적인 부모역할훈련 상시 운영

청주 지역사회학교 회원 15명이 참석한 가운데 매주 금요일 협의회 회의실에서 효과적인 부모역할훈련이 이뤄지고 있다. '나 전달법'과 '제 3의 방법'

을 배우고 있는 참석자들은 한결같이 이 훈련과정을 시작한 이후 자녀와의 관계는 물론 모든 가족과의 관계도 좋아졌다는 반응을 보이고 있어 크게 호응을 얻고 있다.

■ 현대자동차써비스 충북부인회 대상 특강

"부모의 평생학습과 자녀교육" 주제로 주성민 상임 이사님 강의 마련. 2월 7일 현대자동차써비스 부인회원 75명을 대상으로 청주사업소 강당에서 부모교육 특강이 있었다.

효과적인 부모역할교육을 마치고…

부모교육은 부모성장 자녀성장

일시 : '91년 4월 4일(목)
　　　오전 9시 10분
장소 : 본 협의회 회의실
사회 : 김근세 / 충북협의회장
참석자 : 권현중 / 증평여중 교장
　　　　정태원 / 청주중 운영회장
　　　　김경화 / 주성국 운영회장
　　　　황선하 / 주성국 고문
정리 : 김영옥 / 간사

사회 : 우선 부모 역할훈련 수료를 축하드리며, 바쁘신 가운데도 이렇게 이른 시간부터 시간을 내주셔서 감사합니다. 오늘 이 자리는 지역사회교육운동의 중점사업인 "부모교육"의 일환으로 있었던 효과적인 부모역할훈련 (Parent Effectiveness Training. 이하 P.E.T 라 칭한다)에 참가하신 몇분을 모시고 소감을 들어봄으로써 다시 한번 참된 부모상에 대해 생각해 보는 계기가 되었으면 합니다. 먼저 이번 교육의 일정과 내용에 대해 소개 해 주셨으면 합니다.

김경화 : 방학중 1월 11일부터 매주 금요일 오후 1시 반에 시작되어 3시간씩 8주동안 이루어졌는데 저희들이 보충교육을 희망하여 4주 더 하게 되어 총 12주 동안 이루어졌습니다.

교육내용은 반영적 경청법, 나전달법, 제3의 방법, 가치관 대립에 대처하는 기술을 배웠는데 그중 나전달법은 아이로 인해 엄마가 문제가 생겼을 때 나를 표현하는 기술인데 나를 표현하는데 익숙하지 못해서 그런지 가장 어려웠던 것 같습니다.

사회 : 이번 P.E.T에 각자 나름대로 어떤 기대감을 가지고 참여 하셨으리라 생각되는데 이에 대한 말씀을 들었으면 합니다.

정태원 : 작년 5월에 청중에서 주성민 상무이사께서 강의를 하시는 말씀을 듣고 참여하게 되었습니다. 강의중 주성민 상무이사께서 "지금은 자격증 시대이다. 운전뿐만 아니라 모든 것이 다 자격증을 따는데 세상에서 가장 중요한 부모 역할은 자격을 따기 전에 무심결에 부모가 되어서 아이를 자기 특성대로 즉흥적으로 길러서 정말 큰일이다." 이렇게 말씀하시는데 크게 충격을 받았습니다. 그래서 P.E.T를 꼭 받아야 되겠다고 생각했지요.

황선하 : 저는 이 P.E.T를 받기전에 M.E라는 부부가 함께받는 교육을 받았습니다. 그 교육을 받고보니, 부부간의 관계뿐 아니라 가정의

분위기가 좋아졌음을 느꼈습니다. 그래서 자녀교육에 도움줄 수 있는 부모교육이 있었으면 하는 생각을 항상 해왔는데 마침 학교에서 참부모가 되는 프로그램이 있다고 하기에 엄마노릇을 좀 더 잘해보고자 하는 기대감을 갖고 참여하게 되었습니다.

사회 : 좋은 부모, 좋은 인간 관계가 되기 위해서는 많은 기술이 필요하다고 생각됩니다. 그런면에서 P.E.T가 적잖은 영향을 주었으리라 생각됩니다.

권현중 : 우리들은 모두 다 내가 지식인이고, 상식인 이라고 자만하는 경우가 많습니다. 좋은 부모라는 그 기준을 어디에 맞추어야 할지 어렵지만 좋은 부모 밑에서 자란 아이가 좋은 부모가 된다는 것을 어느 누가 말해도 부인할 수 없는 일입니다. 대부분의 엄마들이 아이들을 하나 둘 낳다보니까 아이들의 행동이 맘에 안들면서도 꾹 참으며 봐주는 허용이란 측면으로 많이 가고 있습니다. 그런데 이 P.E.T기술은 그러한 맹목적인 허용이 아닌 서로 대화를 나누어서 엄마의 생각도 이해하고, 아이의 생각도 이해하는 측면, 즉 수용이란 면으로 가기 때문에 내 가정이 편안해지는 것 같습니다. 더 나아가 대인관계를 좋게 만드는데 큰 영향을 준다고 생각합니다. 제 예를 들어보면, 직장인이고 보니까 직장에서 어떤 문제가 생겼을 때 이것을 배우고부터는 동료들에게 "불편하시죠!, 하지만

이런 것도 있는데 어떻게 생각하세요?"라고 말하게 되어 저도 편하고 상대도 편해지는 것을 보니까 진작 배웠더라면 하는 아쉬움도 생깁니다.

정태원 : 지금에서야 이 교육을 받게된 것이 늦은감은 있지만, 기대만큼 너무 좋아서 이 교육을 알게 된 것이 인생에 있어 행운이라는 느낌이 듭니다. 그리고 이 P.E.T 기술을 쓰고 부터는 아이들과의 관계는 물론 남편과의 관계도 좋아져 집안에 평화가 왔습니다.

황선하 : 결혼해서 살면서 어떤 일을 아이와 직면했을 때 저는 그냥 지나치지 않고 좀 더 나은 방법이 없을까를 항상 생각하며 아이에게 대해 왔습니다. 이 P.E.T를 접하고 보니, 항상 제가 원하던 현모가 될 수 있는 프로그램이라고 절실히 느꼈습니다. 그렇기 때문에 P.E.T는 자녀가 있는 분은 누구나 다 받아야 한다고 생각합니다.

사회 : 이번 교육에서 좋았던 점이나 배우기 어려웠던 점, 또는 그 밖에 좀 더 배웠으면 하는 것이 있으면 말씀해 주시지요.

권현중 : 좋았던 점은 프로그램과 교수법이 우리들의 마음을 끌리게끔 하였고 또한 내용면에서도 어머니들이 가지고 있던 문제를 많이 풀어주는 계기가 되어 참 좋았습니다.

김경화 : 그 짧은 기간 동안에 P.E.T를 이해하기에는 좀 어렵고, 우선 접해 보았다는 정도라고 말하고 싶습니다. 그래서 이 P.E.T가 기술로 활용 하기에는 8주 가지고는 어렵다고 모두가 공감하여 4주간 보충교육을 받았습니다. 이렇게 12주간의 교육을 받았습니다만 어떤 자극이 없으면 안될 것 같기에 교육이 끝난 후에도 매달 한번씩 덤모임을 갖기로 했습니다.

정태원 : 특히 저는 이번 P.E.T 구성원이 참 좋았다고 봅니다. 국민학교, 중학교, 대학교 어머니, 그리고 손녀딸을 둔 교장선생님, 각계 각층이 모였기 때문에 서로 보완적으로 폭넓게 배운 것 같습니다.

사회 : 이번 참가자 중에는 P.E.T 강사교육을 받고자 하시는 분도 계신데 어떤 점을 중점으로 가르치고 싶으신지요?

권현중 : 어머니회, 노인회, 노인대학에 강의를 나갈때가 더러 있는데 다음번 강의 요청이 들어오면 어떤 내용을 가르쳐야 할지 걱정이 돼서 항상 훈련의 필요성을 느껴왔습니다. 또한 얼마 있으면 몸담았던 교단생활을 떠나게 되는데 퇴임후에도 저를 필요로 하는 곳이 있다면 가서 봉사하고 싶은데 아무런 준비도 안된 상태에서 가는 것보다 끊임없는 훈련을 마친 자세에서 강단에 서는 것이 올바른 자세라고 느낍니다. 그래서 이 강사교육에 참여하게 되었는데 앞

으로 저를 필요로 하는 곳이 있다면 힘이 닿는데까지 봉사하고 싶습니다.

정태원 : 저는 전에 교직에 있었기 때문이기도 하고, 또한 지역사회학교 회장을 맡으면서 여가를 잘 활용할 수 있도록 어머니들을 일깨워 줘야겠다는 사명감을 항상 갖고 있습니다.
나이가 들면 들수록 지금까지 해온 교육방법이 굳어져서 P.E.T기술 적용에 어려움이 많기 때문에 특히나 어린 자녀를 둔 어머니들이 꼭 받아야 한다고 생각합니다.

사회 : 그동안 배운 교육을 몸에 익히고 생활화하는 것이 무엇보다도 중요하다고 봅니다. 끝으로 충북협의회에 바라고 싶은 점이 있으면 말씀해 주시기 바랍니다.

김경화 : 많은 어머니들이 지역사회학교가 뭐하는 단체인지 모르고 있으며 국가에서 후원하는지, 정주영회장님이 후원하는 순수한 민간단체인지 잘 모르고 있습니다. 많은 어머니들께 지역사회교육운동을 적극 홍보해 주었으면 합니다.

권현중 : 우선 좋은 프로그램을 마련해 주셔서 감사합니다. 학교에 새이웃지 공문이 오면 저는 자세히 읽어 보지만 선생님들은 관심을 갖

고 보려하지 않습니다. 학교 선생님들께도 적극 홍보를 해주셨으면 합니다.

정태원 : 중앙 새이웃을 읽어 보았더니 충북은 발족한지 얼마 안되어서 그런지 프로그램이 빈약한 반면에 서울의 프로그램은 다양하더군요. 우리 지방에도 많은 프로그램을 개발하여 참여할 수 있는 혜택을 주셨으면 합니다.

황선하 : 제 남편에게 이교육에 대해 자주 설명을 하였더니 좋은 반응을 보이더군요. 그래서 느낀것인데 자식교육은 혼자하는 것이 아니라 둘이 시키는 것이므로 '부(아버지)역할교육'도 마련해 주었으면 합니다.

사회 : 장소도 비좁고 여러 가지로 불편하셨으리라 생각됩니다. 12주동안 교육을 받으시느라 애로가 많았습니다. P.E.T에 대한 반응이 이렇게 좋은 것을 보니 참 흐뭇합니다. 앞으로 이 교육을 지속적으로 전개하고자 각 학교 운영회에서도 입문강좌를 통해 적극 홍보하고자 합니다. 앞으로도 계속해서 협조해 주실 것을 당부드립니다. 감사합니다.

3. 부모교육 지도자 양성
– 부모교육 확산 및 운동가로 나서다

■ 효과적인 부모역할훈련(Parenet Effectiveness Traning) 강사 양성

충북협의회는 1989년 PET을 보급하기 위해 중앙 강사해 의존해오다가 91년도에 자체 강사를 양성하게 됩니다. 서울 심리상담연구소(김인자 소장)에서 이루어졌던 효과적인 부모역할훈련(약칭 PET) 강사과정에 추천하여 충북에 부모교육을 보급할 수 있는 PET 강사가 탄생하게 됩니다.

당시 청주중 지역사회학교 운영회장이었던 김성순 회장님, 전 청주중 운영회장, 초등교사였던 정태원 선생님, 전직 중등 교사 김현순 선생님, 현직 중학교 권현중 교장선생님이 PET 강사 자격을 취득하게 됩니다.

이렇게 4분의 PET 강사가 양성되면서 부모역할훈련은 충북으로 빠르게 확산되었습니다.

24시간 과정을 43기까지 충북 지역사회학교에 보급할 수 있었으니까요.

당시 상황을 말씀드리면 한국지역사회교육중앙협의회 주성민 부회장님께서 초중등 지역사회학교에 초청되어 부모교육 특강을 해주시면서 PET 부모교육 효과를 말씀하십니다. 강좌를 마련한 많은 지역사회학교들이 효과적인 부모역할훈련(PET)을 신청합니다.

PET는 8주, 24시간 과정으로 이루지고 참석 인원이 15명이상 되어야 하고 자부담이었기 때문에 의지가 있는 학부모가 참석했습니다.

이 당시 주성민 부회장님의 강의는 명강의로 소문이 나서 전국 초중등학교의 요청이 쇄도할 정도로 인기가 높았습니다. 어느 지역에서 더 많이 모셔서 강의를 듣게 하느냐가 그 지역협의회 발전에 영향을 끼쳤으니까요.

주성민 부회장님은 초중등학교가 평생교육을 왜 실천해야 하는지 그 중요성과 부모교육의 필요성을 학교장을 비롯한 학교 관계자와 어머니회, 아버지회 등 운영회원들에게 심어주었습니다. 그러다 보니 당시 핵심 프로그램인 PET을 사례를 들어 역설하면 강의를 들은 부모들은 좋은 부모가 되기 위해 부모교육을 받아야 한다는 의식이 생기게 되지요. 이렇게 부모교육이 확산되면서 좋은 부모되기 운동으로 자연스럽게 이어지게 되었습니다.

■ 부모에게 약이 되는 프로그램 강사 양성

효과적인 부모역할훈련(약칭 PET)은 미국에 로얄티를 내야하고 1인 5만원이라는 비용이 들어가기 때문에 한국형 부모교육 '부모에게 약이되는 프로그램' 강사를 양성하게 됩니다.

4분의 PET 강사 중 김성순 강사님, 김현순 강사님은 '부모에게 약이되는 프로그램' 강사 과정을 이수하고 두 가지 부모교육 강사 역할을 병행하였습니다. 그리고 전직 초등교사이며 협의회 노래교실 강사였던 강미혜 선생님도 '부모에게 약이되는 프로그램' 강사 과정을 이수하게 되어 3명이 충북에 한국형 부모교육을 전파하게 됩니다.

이후 1999년 '부모에게 약이되는 프로그램' 강사 과정을 충북에 개설하게 되면서 부모교육강사 양성과 부모교육 단체로 확고한 자리 매김을 하게 됩니다. 이 과정이 열리면서 오왕섭 부모교육 강사님을 비롯한 많은 분들이 양성됩니다. 이후의 이야기는 다음 책에서 펼치도록 하겠습니다.

4.
한국형 부모교육 프로그램 개발 보급
– 부모에게 약이 되는 프로그램

한국지역사회교육중앙협의회는 PET(효과적인부모역할훈련)을 보급해오다가 1994년 부모에게 약이되는 프로그램 개발 워크숍을 1박2일 과정으로 추진합니다. PET 는 미국에 로얄티를 지불해야 하는 문제점이 있었기 때문에 한국형 부모교육을 개발하게 됩니다.

워크숍을 열어 "부모에게 약이 되는 프로그램"을 발표합니다. 그리고 참가한 전국의 부모교육 전문가, PET 강사들의 의견을 듣고 프로그램을 완성했습니다.

이렇게 우리나라 최초로 다양한 종류의 "부모에게 약이 되는 프로그램" 시리즈가 탄생하게 됩니다. 저도 그 현장에 있었기 때문에 생생하게 기억합니다. 최고의 전문가 개발하였지만 검증을 받고 의견을 듣고 완성도를 높이고자 하는 워크숍을 보면서 많은 것을 느끼고 배우는 기회가 되었습니다.

"부모에게 약이 되는 프로그램" 시리즈는

한국지역사회교육 중앙협의회 부모교육위원회에서 지속적으로 개발하고 있는 프로그램으로 부모로서의 역할을 효과적으로 돕기 위한 내용을 영역별로 세분화하여 부모들의 다양한 욕구를 충족시켜 줄 수 있는 부모교육 전문 프로그램입니다. 자녀교육에 관심이 있으신 분은 누구나 참석하실 수 있으며 내용, 방법, 절차 등 교육상담에 관한 문의는 여러분이 위치한 지역에서 가장 가까운 지역사회교육협의회로 연락하시면 도움을 받으실 수 있습니다. (충북협의회 : T. 0431) 57-6311)

1. 자녀의 진로지도
〈우리 아이 이담에 커서 뭐가 될까〉
- 내용: (5회분 총 10시간) 행복한 삶과 진로, 부모부터 바람직한 직업관 갖기, 직업세계의 이해를 통한 자녀의 진로지도, 부모와 자녀가 함께 자녀의 적성과 흥미 알아내기, 진로계획 세우기 위한 부모훈련

2. 부모·자녀의 대화기법
〈자녀들과 얘기할때 당황한 적 많으시죠?〉

- 내용: (4회분 총 8시간) 가정내 일상대화의 분석, 자녀와의 대화를 위한 부모의 기본토대, 효과적인 대화방법

3. 자녀의 학습관리
〈우리 아이 어떻게 하면 신나게 공부할까?〉
- 내용: (4회분 총 8시간) 미래사회와 자녀교육, 학습요인 및 학습습관에 대한 이해하기, 교육과정의 내용과 학습지도 요령이해, 가정에서 학습을 도와줄 수 있는 실제적인 방법 배우기

4. 기초육아법
〈귀여운 내아기, 부모 역할은 지금부터?〉
- 내용: (4회분 총 8시간) 부모가 된 후의 변화와 영아기 발달에 대한 이해, 놀이와 안전, 영양 및 건강, 부모역할에 대한 적응과 탁아

5. 자녀교육관 정립
〈어떻게 하면 좋은 부모가 될 수 있나?〉
- 내용: (3회분 총 6시간) 부모됨의 의미 마음에 새기기, 잘사는 문제와 교육의 관계, 교육에 대한 올바른 관점가지기

"부모에게 약이 되는 프로그램의 특징은"

일회적인 강좌 프로그램의 형태에서 탈피하여 강의, 토론, 비디오학습, 관찰, 역할놀이, 설문지 작성, 과제수행 등 부모들의 적극적인 참여를 통한 실습용 웍북을 사용하여 참가자들이 효과적인 학습을 할 수 있도록 하였습니다.

이 프로그램 개발에 도움을 주신 분들
김재은(이화여대 교육심리학과 교수)
김진숙(이화여대 초등교육과 박사과정)
김현옥(교육학박사, 경기도 율곡 교육연구원 연구사)
김효선(교육학박사, 이화여대 강사)
백명희(이화여대 교육학과 교수)
유봉호(이화여대 명예교수)
이동원(이화여대 사회학과 교수)
이성은(이화여대 초등교육과 교수)
이성진(서울대 교육학과 교수,한국행동과학 연구소 소장)
이재연(숙명여대 아동복지학과 교수)
이훈구(연세대 심리학과 교수)
장승자(본회 P.E.T 강사)
홍기형(중앙대 교육학과 교수)

효과적인 부모역할 교육
청소년 부모교실

우리 부모들이 먹고 살기에 바빴던 시절에 비하면 요즘시대를 살아가는 우리 아이들은 도무지 아쉬운 것이 없습니다. 모든 것이 풍요롭고 원하기만 하면 언제든지 얻을 수 있게 되었습니다. 그럼에도 우리 아이들의 문제는 날로 심각해져 가고 있습니다.

이제 우리 사회의 청소년문제는 남의 집 아이의 문제가 아닙니다. 부모가 보기에 말없이 조용하기만 한 아이라도 집밖에서의 모습은 장담할 수가 없습니다.

청소년부모교실은 건실한 자녀의 성장을 위해서 또 청소년 문제를 줄이는 데 있어서 무엇보다도 청소년에 대한 부모의 인식이 중요함을 일깨워 줍니다. 또한 청소년 자녀를 대하는데 있어서 적절한 태도를 갖도록 도움을 줄 것입니다.

* 이 프로그램에 담겨있는 것은?

1. 부모로서 청소년기의 특징 및 청소년을 보는 바른 시각을 갖도록 합니다.

2. 부모에게 가정에서 자녀 지도에 필요한 지식을 갖추도록 합니다.

3. 청소년 지도에 적합한 자세를 갖추도록 합니다.

4. 자녀의 예상되는 문제에 대해 적절하게 대처할 수 있는 방법을 습득하도록 합니다.

* 누가 지도하나?

프로그램의 내용에 적합한 전문가를 지역 사회 내에서 선정하여 강사로 활용합니다. 이때 강사들 간에 강의 내용이 중복되지 않도록 자세한 강의 의뢰서 작성 및 강의 청탁이 필요합니다.

* 어떻게 실시되나?

이 프로그램은 주 1회 2시간씩 6회 정도의 시리즈 강좌로 진행되며, 10대 자녀를 둔 부모와 청소년에 관심을 둔 사람이면 누구나 참석할 수 있습니다. 참가 인원은 장소 사정을 고려하여 결정하되 강의 형태이므로 100명 정도가 적당합니다. 경우에 따라 토의 방법을 활용하면 서로의 경험을 나눔으로써 문제 발견에 도움이 됩니다.

프로그램 내용은 아래의 내용을 참조하여 계획하면 좋습니다. 그리고 제2차, 제3차 청소년 부모 교실 프로그램을 지속적으로 운영하여 프로그램의 연계성을 가지면 교육 효과는 더 커질 것입니다.

■ 10대 자녀 지도를 위한 '푸른청소년 부모교실'

5월 8일 오전 10시 30분 청주시 어머니 85명이 참석한 가운데 충북협의회 회의실에서 푸른 청소년 부모교실이 열렸다.

푸른 청소년 부모교실은 10대의 자녀를 둔 부모들이 청소년을 바르게 이해하고 지도할 수 있도록 돕기 위해 마련된 프로그램으로 주 5회 연속강의로 이루어진다.

한남대 김형 교수 특강

- 4월8일 주성민 강사의 '성숙한 부모와 자녀지도'
- 4월 14일 고려대 정우현 교수의 '부모와 자녀와의 대화'
- 4월 21일 한남대 김형 교수가 '자녀는 강하게 키워라'
- 4월 28일 나장운 경찰대 교수의 '슬로운 어머니상',
- 5월 14일 소년한국일보 김수남 사장의 '미래를 향한 가정교육'

첫 강좌인 '성숙한 부모와 자녀지도' 시간은 그룹토의 방법으로 진행되었는데 올바른 부모관, 자녀관을 확립시키는 시간이 되었으며, 둘째날인 '부모와 자녀와의 대화' 강의에서는 모든 인간관계는 대화가 필수적이며 특히 부모와 자녀관계에서의 올바른 대화방법을 익힐 수 있는 시간이 되었다고 참가자들 모두는 입을 모았다. 아울러 참가자들은 남은 3회의 강의에 많은 기대를 모으고 있다.

■ **부모와 자녀와의 대화**

정우현 (고려대학교 교수)

지난 4월 8일부터 5회에 겁처 충북협의회 회의실에서 열린 '푸른 청소년 부모교실'의 두번째 강의 '부모와 자녀과의 대화」를 요약 정리한 것이다.

인간은 관계를 떠나서 살 수 없다. 인간답다는 것은 관계성 속에서 살 수 있는 인간이 되었다는 것을 의미한다. 즉 관계성 속에서 산다는 것은 예의범절, 규범 및 사회질서를 지켜가며 사는 것이다. 부모는 바로 우리의 자녀가 관계성을 바람직하게 유지해 나가도록 도와 주는 것이다.

인간관계의 원리(原理)

자녀들은 부모에 대한 두려움을 갖고 있다. 두려움을 제거하는 것은 아랫사람이 아닌 윗사람의 역할이다. 윗사람(부모)이 자녀에게 편안한 대화로 이끌어 주어야 한다. 자녀에게 권위를 부리는 것보다는 자녀의 편이 되어 있다고 느끼게 하는 것이 더 필요하다.

대화란 의사소통을 말한다. 의사는 말(부호)로 통해 소통한다. 부모와 자녀와의 대화에서 부모(Cord)가 안맞을 경우가 왕왕있다. 예를 들면 "난 너희 심정을 모두 다 알아 엄마는 10살도 20살도 다 지냈단 말이야"할때 자녀는 "엄마가 1993년도 10살을 해보았어요"라고 되묻는다.

여기에서 10살이란 달(Cord)이 부모와 자녀와의 의사소통의 차이가 있음을 확인하게 된다. 이와 같이 바른 의사소통을 위해서는 부모와 자녀의 세계와 감정을 충분히 이해하는 것이 우선이다.

둘째, Channel(방향)을 맞춰라. (기분 감정을 맞춰라) Channel을 잘 택하는 소모는 가장 노련한 부모이다. 같은 마음으로 같은 채널로 대화를 이루어야 한다.

세째, 공감대를 형성하라. 서로 이해해 주도록 해야 한다. 슬플때 같이 슬퍼하고 기쁠 때 같이 기뻐하는 친구가 가장 좋은 친구이듯이 엄마는 그런 좋은 친구가 되어야 한다.

넷째, 서로를 알아야 한다. 너와 나의 모습을 진실되게 보여주는 기회가 필요하다. 국민학교때의 친구가 대학 때 친구보다 더욱 친한 이유가 서로를 깊이 알기 때문이다.

부모와 자녀와의 대화방법

첫째, 대화는 주는 것이 아니라 주고 받는 것이다. 부모들은 훈계 설득을 자녀와의 대화로 착각한다. 훈계나 설득 따위는 일상적인 전달이지 결코 대화라 할 수 없다.

둘째, 말보다 사랑을 주어야 한다. 말은 유한하고 많은 뉴앙스와 개념의 차이를 갖는다. 그리하여 말은 실수의 위험성을 '다분히 갖고 있다. 나의 생각과 감정을 표현하는데 말의 위험성에 빠지지 않기 위해 말속에 사랑이 꼭 필요하다.

셋째, 분석적으로 말하지 말고 있는 그대로 말하자. 한국인에게는 분석적인 말투가 습관화 된 편이다. "사람되긴 틀렸다" "너희 집안은 모두 그러냐?" 등등 이런 분석적인 말투는 감정을 상하게 하고 원만한 대화가 이루어질 수 없다. 되도록 있는 그대로 말을 표현하는 솔직한 엄마가 되자.

5.
부모에게 약이 되는 이야기 소책자 발간 보급
- 부모에게 비타민이 되다

　미래사회의 주역인 우리 자녀들을 바르게 성장시키기 위하여 배움을 통하여 주민들을 변화시키고, 좋은 가정, 좋은 학교, 성숙한 지역사회를 만들고자 지역사회교육운동을 전개하온지 어언 25년.

특히, 본 지역사회교육협의회는 부모교육에 역점을 두고 지속적으로 부모역할을 수행하는데 도움이 될만한 내용을 중심으로 92년부터 "부모에게 약이 되는 이야기"를 시리즈로 발간 배포하여 많은 부모들로부터 격려를 받고 있습니다.

이에 제작부수를 늘려 필요로 하는 분들에게 충분히 공급하고자 하오니 많은 부모들의 참여 바랍니다.

또한 판매 수익금은 벽지학교 등 소외지역 부모들에게 확대 보급하는데 쓰여지고 있습니다.

부모에게 약이 되는 이야기 소책자 안내

1호: 나쁜 습관 고치기
2호: 아이큐란 무엇인가
3호: 자녀의 진로지도
4호: 자녀 훈육의 올바른 지혜
5호: 청소년과 대중음악
6호: 자녀의 정신건강
7호: 집에서 공부 도와주기
8호: 아이들의 이성교재
9호: 자녀의 성격지도
10호: 부모가 하는 예절교육
11호: 아이들과의 대화는 이렇게

12호: 자녀의 바른 독서지도

13호: 창의성을 키우는 자녀교육

14호: 영재아 교육을 위한 부모의 역할

15호: 문제 부모는 누구인가

- 정기구독 신청도 가능합니다.
- 연락처
- 주소: 청주시 북둔로 2가 116-169(시청 사거리, 안상선내과 3층)
- 전화: (0431)57-6311, 55-6714 FAX:556714

부모교육은 부모성장은 물론 자녀성장으로 이어지기 때문에 매우 중요한 평생교육프로그램입니다.

그렇기 때문에 PET, 부모에게 약이 되는 프로그램 보급과 함께 부모에게 약이 되는 이야기 보급에 힘써왔습니다.

사무실 입구에 사진에서 보듯이 부모에게 약이 되는 이야기 소책자를 벽에 시리즈를 걸어 넣고 센터 방문자들의 관심을 유도하였습니다.

커피값 정도였으니 많은 분들이 선물하기 위해 구입하기도 하고, 부모교육 프로그램 참가자들로부터 높은 호응을 얻었습니다.

이후 부모에게 약이 되는 이야기 시리즈는 지속적으로 발간되었습니다.

부모교육의 중요성을 알리기 위해 부모교육을 주제로 충북협의회 심포지엄을 개최하였습니다.

제1회 충북 지역사회 심포지움

좋은 가정을 만들기 위한 부모 역할

- 일시: 1994년 11월 11일(금) 13:00
- 장소: 충북학생회관 공연장(5층)
- 주최: 한국지역사회교육 충북협의회
- 주관: 한국지역사회교육 중앙협의회
- 후원: 충청북도 교육청, 청주문화방송, 충청일보사

* 많은 참석 바랍니다.

일정	진행 / 리선영(단재교육원 연수부장)
13:00~13:30	참가자 등록
13:30~13:50	개회식
	개회사: 김근세(충북협의회장)
	격려사 : 김종서(중앙협의회장)
	축사 : 정인영(충북교육청 교육감)
13:50~14:30	기조 강연) 어떤 가정이 좋은 가정인가?
	유성종(주성전문대 사회교육원장)
14:30~14:40	발표 1) 우리가 바라는 가정학생 대표
14:40~15:10	발표 2) 가정에서 부모역할권이종(교원대 교수)
15:10~15:40	휴식
15:40~16:00	발표 3) 학교에서의 부모교육신유철(충북교육청 유아특수교육담당 장학관)
16:00~16:20	발표 4) 지역사회에서의 부모교육정영숙(충북대 교수)
16:20~16:50	질의 응답
16:50	폐회식

제9장

평생교육 부모교육 지도자 육성 및 좋은 부모되기 운동 전개

1. 부모예절교육 지도자 양성
- 청소년 예절교육 지도에 나서다

효과적인 부모역할 교육

부모예절교실

　　오늘날의 우리 사회는 도시화, 산업화, 핵가족화 현상 등으로 인하여 무질서한 사회가 되고 있습니다. 버릇없는 아이, 내자식만 아는 부모, 무례한 젊은이, 아무렇게나 행동하는 어른이 늘어가고 있습니다. 이는 가정에서도 학교에서도 사회에서도 예절교육이 제대로 이루어지고 있지 않기 때문입니다.

예절이란 바른 마음가짐과 바른 몸가짐이자 우리가 살아가는데 있어서 기본적으로 지켜야 할 도리로서, 교육을 통해서 이루어질 수 있는 것입니다.

부모예절교실은 부모에게 꼭 필요한 예절을 체득하도록 하여 부모 자신에게는 여유있는 마음가짐을 가질 수 있게 하고 바람직한 인간관계를 형성하도록 하여 밝고 명랑한 분위기를 조성할 수 있게 합니다. 더 나아가 자녀에게 예절지도를 할 수 있는 능력을 갖추도록 하여 자녀의 진실한 성장에 도움을 줄 것입니다.

* 이 프로그램에 담겨 있는 것은 ?

1. 기본적으로 예절이 무엇인지를 이해하도록 합니다.
2. 한복을 바르게 입을 수 있도록 합니다.
3. 바르게, 서고, 걷고, 앉는 방법을 익힐 수 있게 합니다.
4. 인사를 바르게 할 수 있도록 합니다.
5. 전통예절(관례, 혼례, 다례)을 체득할 수 있도록 합니다.

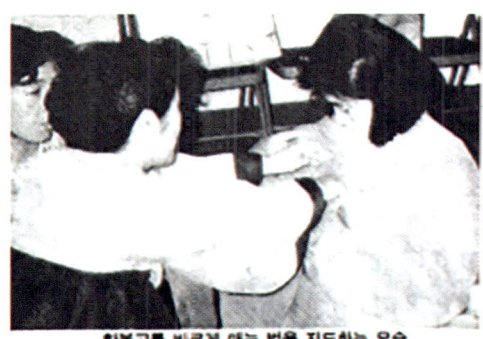

한복고름 바르게 매는 법을 지도하는 모습

* **이 프로그램은 어떻게 실시되나?**

이 프로그램은 20시간 과정으로 진행되며, 경우에 따라 주 1회씩 7주간 또는 주 2회씩 4주간 동안 실시될 수 있습니다. 한 학습집단은 20명 정도가 적당하며, 참가비는 1인당 2만5천원(교재대 포함)입니다.

* **어떠한 효과를 기대할 수 있나?**
1. 부모로서 바른 생활태도 및 바른 마음가짐을 갖게 됩니다.
2. 자녀에게 예절을 직접 행동으로 보여줌으로써 자연스럽게 자녀에 대한 예절교육이 이루어집니다.
3. 밝고 명랑한 사회 분위기를 조성하게 됩니다.

* **이 프로그램은 누가 지도하나?**

이 프로그램은 청년여성교육원에서 훈련을 받은 한국지역사회교육중앙협회 예절강사 강화석 회장 외 15명의 강사들이 지도합니다.

■ 부모예절교실에 참가하고서...

박성일 / 지역사회교육봉사회 부회장

박성일 /
지역사회교육봉사회부회장

사람은 태어나서 평상을 배우며 산다고 했다.
모든 교육이 다 필요에 의해서 받게 되지만 그중에서도 우리는 꼭 받아야 될 교육을 접어두고 있었다.
그 교육이 바로 부모예절교육이 아닌가 싶다.

사람은 태어나서 평생을 배우며 산다고 했다. 옛날 농경사회에서 이제 고도로 성장하는 다원화된 산업사회에 우리네 삶은 모두가 바쁜 생활이기에 행동도 빠르고 말도 빨라지고 먹고 입는것까지도 간소하고 간편한 것으로 변해간다 하지만 우리나라는 예로부터 동방예의지국이라 하지 않았는가.

그러기에 우리나라 여인들은 아직도 세련된 양장에 구두를 신은 모습보다 우리의 한복에 하얀코 고무신을 신고 고무신의 코가 보일듯 말듯 걷는 모습은 세계 어느 나라 여인들도 흉내낼 수 없는 아름다움이다.

　한국지역사회교육 충북협의회 내 봉사회 회원 20명은 1992년 5월 19일에 개강한 부모 예절교실에 참가하였다. 6월 19일 종강을 하기까지 많은 것을 생각하게 하였다. 모든 교육이 다 필요에 의해서 받게 되지만 그중에서도 우리는 꼭 받아야 될 교육을 접어두고 있었다. 그 교육이 바로 부모예절교육이 아닌가 싶다. 한복 바르게 입기, 바르게 서기, 걷기, 앉기, 바르게 절하기, 관례, 혼례, 다례 등에 대한 강의를 듣고 실습하면서 세상에 이럴수가! 하는 감탄사가 나오기도 했다. 지금까지 내가 해오던 인사법이나, 큰일 때에 큰절, 평절, 손님을 접하여 차를 접대하는 방법, 한복을 입고, 서고, 앉고, 걷고 하는 것이 모두가 엉터리였다는 것을 생각하면 부끄럽기 짝이 없는 노릇이다. 한편 다행인 것은 지금부터라도 배운 대로 바르게 할 수 있다는 것과 자식에게는 올바른 인사법 하나라도 제대로 가르쳐줄 수 있다는 자신감이 나를 흥분케 한다.

    세상 살면서 가장 기본적인 인사법 하나 올바르게 배우지 못했던 나의 무식의 소치에 부끄러움을 느끼며 이번 부모예절교육 강의를 해주신 윤숙자, 김선주 두 분 선생님께 고맙다는 인사를 바르게 드리고 싶다.

    부모예절지도자과정을 통해 양성된 강사들은 심화과정을 통해 성장해 갑니다. 이후에 한정숙 예절교육강사회장님이 예절교육을 확산해 갑니다.

    이후의 내용은 다음 책에서 펼치도록 하겠습니다.

2.
청주 좋은 가정 만들기 모임
– 부부사랑, 가족사랑으로 이어지다

■ '좋은 가정 만들기 모임'
– 좋은 가정 만들기에서 좋은 이웃 만들기로!

모든 가족 구성원은 가정이 편안한 안식처이기를 바란다. "부모·자식간, 부부간 고부간에 일어나는 사소한 문제들은 감정을 앞세우기보다 한발 물러나 대화를 통해 해결해 나간다면 바람직하고 좋은 가정이 이루어질 것이다.

충북협의회에는 좋은 가정 만들기를 위해 함께 애쓰는 모임이 있다.

바로 『좋은 가정만들기 모임 (회장 이진순)』이 그것.

'92년 5월 22일 효과적인 부모역할훈련 정규과정을 마친 몇명의 발의로 조직된 모임이다. 8명의 회원으로 출발한 이 모임은 이제 30여명의 회원이 참여하고 있다.

지역사회교육운동이 '89년부터 부모교육을 역점사업으로 정하고 지도자를 양성하여 전국 협의회에서 지속적으로 전개해 오고 있는 효과적인 부모역할훈련(P.E.T). 일상 생활에서 일어나는 문제들을 대화를 통해 해결하는 대화법 훈련이다.

충북협의회는 '90년 1월에 시작하여 현재 29기가 진행 중에 있다. 그간 450여명의 어머니, 교사들이 이 훈련에 참여하였다. 참여한 사람들은 한결같이 타인을 이해하는 폭이 넓어졌고 조금이나마 성숙해졌다는 기쁨을 전하고 있어 본 프로그램 운영에 많은 보람을 느끼고 있다.

좋은 가정 만들기 모임은 바로 이 24시간의 과정이 아쉬워 더 배우기를 열망하는 어머니들의 모임이다. 이들은 매월 모여 그간 가정에서 일어났던 문제, 무질서한 자녀, 버릇없는 자녀, 이기심 많은 자녀, 독선적인 남편, 조그마한 것까지 잔소리 하는 시어머니...... 가정의 사소한 문제를 쏟아 놓는다. 또한 자녀의 마음을 헤아려 주는 대화, 나의 속상한 마음을 상대방이 도와줄 수 있도록 전달하는 대화로 화목한 가정 분위기를 만들어 가는 좋은 사례를 주고 받는다. 장시간의 이야기 끝에 회원들에게서 느낄 수 있는 공통점은 먼저 내 자신이 변해야 한다는 생각을 갖는다는 것이다.

가정 내의 일이라 어디에서나 말문트고 이야기하기가 그리 쉽지 않다. 하지만 이들은 가정에서 쌓인 스트레스를 털어놓고 한 가정의 문제를 모든 회원가정의 문제로 받아들여 바람직한 방법으로 풀어 가고자 노력한다.

어떤 회원의 가정에서는 이 모임에 나간다면 가족 모두가 적극 환영한다고 한다. 이 모임에 나갔다오면 엄마의 모습, 아내의 모습이 천사와 같고, 가정분위기가 생기있어지기 때문이라고 전한다.

또한 좋은 가정이라는 너무 큰 의미의 모임에 속해 있기에 말과 행동이 어디에서나 조심스럽다고 한다. 아울러 가정불화로 힘들어 하는 이웃이 있을 때는 뭔가 도움이 되어야 겠다는 마음이 앞선다고 한다.

지역사회 발전에 꼭 필요한 모임이니만큼 해야 될 일도 많다. 우선 회원 가정이 좋은 가정으로서 모범적인 가정이 되도록 쉼없이 노력을 해야 한다. 대화법 훈련은 물론이거니와, 부모교육 독서 토론회, 부모교육 비디오 시간을 마련하여 좋은 어머니, 아내, 며느리가 되고자 노력을 기울일 것이다.

또한 좋은 가정을 만드는 데 도움이 되는 좋은 사례, 시행착오한 사례를 모아 사례집도 발간할 계획이다.

요즈음 낮시간에 어머니들과 통화하기가 좀처럼 힘들다고 한다. 아이들은 학교에서 새로운 지식을 쌓기에 바쁘고, 남편은 직장일로 바쁜 시간, 주부들은 과연 어떻게 보내야 할까?

"자녀에게 공부해라. 해라......" 말하기 전에 공부하는 부모야 말로 좋은 가정. 좋은 청소년을 만드는 참된 어른이 아닐까?

어언 2년을 맞이해 가는 좋은 가정만들기 모임!

더 큰 회원들의 성장과 더불어 이 지역사회 발전에 미약하나마 역할을 해 보고자 부단한 노력을 기울일 것이다.

■ 충북협의회 제1회 가족 한마당 잔치

1992년 12월 21일 엄마와 자녀가 함께하는 가족한마당 잔치가 열렸다. 이번 행사는 효과적인 부모역할훈련 수료자들이 '좋은가정 만들기' 모임을 조직한 이래 처음으로 마련한 행사로 15가족이 참여하였다. 김용선 봉사회원의 진행으로 자녀와 함께 노래와 율동, 게임이 2시간 반에 걸쳐 이루어졌는데 회원들은 시간가는 줄 모르고 매우 흥겹게 참여하였다. 특히 가족대항 진·선·미 뽑기는 많은 인기를 끌기도 하였다. 이번 행사를 계기로 부모와 자녀가 한층 더 가까와 질 수 있었다. 본 모임의 ○진순 회장은 이번 행사가 회원들로부터 크게 호응을 얻어 '93년에는 아버지도 함께 하여 전 가족이 참여하는 행사로 추진할 계획이라고 밝혔다.

평생교육 강좌가 활발하게 이루어지다 보니 언론 기관 홍보가 많아졌습니다.

■ 부모교육 – MBC 여성시대 고정 프로그램으로 운영

부모교육 프로그램 PET 는 날로 인기를 더해가면서 MBC 여성시대 고정 프로그램으로 운영되기도 하였습니다.

■ 새이웃 가족등산대회
- 가족과 가족을 이어주는 새이웃 형성 기회

1993년 6월 20일 일요일 부모와 자녀 50여 명이 참가한 가운데 새이웃 가족 등산대회가 열렸다. 5시 30분에 상당공원에 집결하여 새벽공기를 가르며 우암산을 올랐다. 정상까지 오른 후에는 송 정 라보강사의 지도로 '다함께 노래와 율동(라보)'을 가져 참가한 가족이 화합하는 시간을 가졌다. 언제나 엄마의 도움이 필요하다고 느꼈던 아이가 힘겹게 산을 오르는 엄마의 손을 꼭 잡고 이끌어 주는 모습이 대견스럽다. 허약해 보이는 어린아이가 헉헉거리면서도 주저앉지 않고 정상에서 아리를 만들며 외치는 모습, 땀과 희열로 뒤범벅되어 정상에 오른 부모와 자녀가 함께 기뻐하는 모습, 이 모두가 건강한 새이웃의 모습이 아닐 수 없다. 이번 가족등산대회를 계기르 함께 모이기 어려운 오늘날의 가족이 하나가 되어 서로의 사랑을 확인하였을 뿐 아니라 가족과 가족을 이어주는 사이웃 형성에 큰 역할을 하였다고 평가해 본다.

3.
삼성 좋은 가정 만들기 모임
– 전국 평생교육 학습동아리 사례가 되다

■ 음성 삼성 좋은가정만들기 모임 창립총회

조영복 / 음성삼성 좋은가정만들기모임 회장

지난 여름 서울에 사시는 친척형님이 책 한권을 보내 주셨다.

「엄마」, 이제 고민 끝이에요.라는 지역사회교육중앙협의회에서 발간한 P.E.T 사례 모음집이었다. 진한 감동이 전신을 휩싸 안았다. 함께 공감할수 있는 우리의 생활 그 자체였기 때문이다.

어쩌나! 서울까지 배우러 갈수도 없고, 분하고 안타까웠다.

그해 겨울

주성민 부회장님의 강의가 음성 복지회관에서 있었다.

발목을 채울정도의 폭설속에서 였다. 숱한 교육생들의 가슴에 수십년 잠자던 나(我)를 일으켜 세우시던 뜨거운 강의는 또 다른 모습의 씨앗으로 삼성에 뿌리여졌다.

지역사회 학교를 통한 「부모 역할 훈련 프로그램」이 다른 어느 지역보다 청주가 활발히 움직이고 있다.

는 남보는 나의 가슴을 설레지 했기 때문이다.

당시, 삼성 국민학교 어머니 회장을 맡고 있던 나는 어머니 월례회와 개인별 전화를 통해서 회원 모집에 나섰다.

효과적인 부모역할 훈련을 받아 보진 않았지만, 그 같은 교육의 필요성을 늘 절감하던 나의 목마름으로 시작된 P.E.T의 서곡은 성공적이었다.

기별 모임

김성순 강사님의 차분하시고 시도깊은 강의는 회원들에게 감동을 주고도 남음이 있었다.

또한 회원간의 솔직한 사례발표를 자신의 일처럼 받아들여 함께 문제해결에 진력하는 따스한 마음들 속에서 어떤이는 삶의 새로운 모습을, 어떤이는 생활의 활력을, 어떤이는 가정에서의 자신의 확고한 위치를 찾은 그야말로 대변혁의 시간들이었다. 같은 사고방식, 같은 웃음으로 살아왔던 무미건조한, 지혜가 터득하는 순간이었다.

회원들의 눈 뜨임을 자연스럽게 2기생을 모이게 했고 이제 삼성의 가장 밑바닥 은밀한 곳에서 부터 잔잔한 파문이 일고 있다.

1기와 2기 수료생들이 모여 만들어진「좋은 가정만들기 모임」이 그것이다.

삼성의 수료생들이 너무도 예쁜 것(!)을 저질어서 도저히 가만 있을수 없겠노라고 청주 협의회에서 벌벗고 지원에 나섰다.

김영옥 간사님의 빈틈없는 배려에 김근세 회장님과 김성순 강사님, 중앙협의회의 김해성 부장님 청주 최병남 회장님 삼성국민학교 남택우교장님등을 모시고「청주 좋은 가정만들기 모임」과 연계하여 삼성창립총회를 갖게 되었다.

우리들의 재산이라고 효과적인 부모역할훈련 수료증과 좋은 부모가 되어보려는 의지뿐이었다. 너, 나없이 최고를 주장하다보니 아이들의 가슴엔 친구도, 어른도, 부끄러움이 무엇인지도 모르는채 자라가고, 부모는 알게모르게 이를 조장하는 기현상속에서 남을 이해할줄 알고 인정을 베풀줄 아는 가슴이 따뜻한 아이로 키워간다면 우리의 아이들은 그 보석 같은 가슴으로 어느곳에서도 빛을 낼수 있으리라는 확신으로 우리들의 「좋은 가정 만들기 모임」은 운영될 것이다.

요즘, 최고를 외치며 어깨를 펴보이던 숱한 사람들이 정신의 올타른 선택에서 낙오되어 비참하게 일그러지는 모습들을 얼마나 많이 보아오는가!
우리 부모가 정말 아이들에게 심어주어야 할 것은 성적순위와 일류대학이 아닌 「어떻게 사느냐」를 가르치는 철학이 필요한 때인것 같다.
고등학교만을 나왔어도 나의 일에 긍지와 보람과 행복을 함께 심을 줄 아는 능력, 이것이야말로 아이들에게 물려줄수 있는 가장 소중하고 값진 무형의 재산이 아닐까 한다.
그것은 한순간으로 이루어 질수 있는것이 아니기에 부모가 먼저 그러한 생활 자세를 보여줘야 하므로 부단한 문제의식과, 진지한 토론과 그 해결방법을 실천해야겠고 이제 한발자극씩 우리 자녀를 위한 프로그램들을 짜모아서 작은 실천부터 시작하려한다.

네가 아닌 내가 먼저 변화하여 행복한 가정을 꾸릴 수 있는 지혜를 주는 효과적인 부모역할훈련이 있는 한 우리의 모임은 좋은 결실을 맺으리라 생각된다.

동양일보(2001년 8월15일) 칼럼

삼성면의 보배 같은 아줌마들

김영옥 / 청주지역사회교육협의회 사무국장

9월이면 어김없이 지역 문화 축제가 열리는 지역이 있다.

인구 8000명이 사는 충북 음성군 삼성면이다.

아줌마들의 교육문화 동아리인 삼성 좋은 가정 만들기 모임(회장 박경순)에서 준비하는 문화 행사이다. 어린이들을 위한 연극회, 청소년과 지역주민들을 위한 야외 음악회 …

이 지역의 어린이를 비롯한 주민들은 이제 가을이면 어떤 문화 행사가 있을지 호기심으로 가득하다.

삼성 좋은 가정 만들기 모임은 자녀를 바르게 길러보기 위해 부모교육을 공부한 분들의 모임이다.

부모교육 효과는 대단해 단숨에 3기까지 마치면서 모임을 만들기로 의기투합하고 1994년 8월 지역사회교육협의회 내의 좋은 가정 만들기 모임이라는 소그룹으로 창립(초대 회장 조영복) 했다.

그때 당시 삼성면의 교육적. 문화적 상황을 보면 중부고속도로가 마을을 관통하면서 부동산 바람은 온 동네를 할퀴고 있었다.

노동의 순수함이 퇴색되어 갔고 파괴되어 가는 가정이 늘어나는 만큼 비뚤어지는 청소년의 수도 정비례했다.

이러한 현실 아래 새로운 교육·문화의 바람을 일으킨다는 것은 결코 쉬운 일이 아니었다.

그럼에도 불구하고 삼성면을 좋은 고장으로 만듦으로써 우리 청소년들을 밝고 건강하게 자랄 수 있는 환경을 만들자는 일념 아래 삼성 좋은 가정 만들기 모임 회원들은 한데 뭉쳐 여러 가지 활동을 전개해 나갔다.

그 후 7년간의 활동은 이러하다.

유·초등생을 위한 연극공연, 청소년과 지역주민을 위한 야외 음악회 공연, 학부모를 위한 부모교육 특강과 프로그램 운영, 장학회와 결연 사업으로 회원 1인이 한명씩 결연을 맺어 16명의 불우 초·중·고등학교 학생들에게 매달 장학금을 지급하여 주고 학원을 무료로 수강할 수 있도록 연결해주고 있다.

그 외에도 초등학생을 위해 인성과 창의성을 키워주는 흰눈학교, 매미학교를 운영하고 있으며, 중등학생을 위해 상담교실, 영상학교, 전통문화 체험학교, 고궁과 박물관 견학 등 다양한 교육 문화 프로그램을 열어주고 있다.

'더불어 함께'를 실천하는 삼성면의 보배 같은 아줌마들. 삼성면의 아줌마들처럼 열린 부모들이 많아진다면 아이들은 절로 신이 날 것이며, 당연히 가정은 행복해질 것이다.

삼성 좋은 가정 만들기 모임은 이미 삼성면만의 것이 아니라 전국에 10여 개의 좋은 가정 만들기 모임이 탄생되게 하는 기폭제 역할을 하였으며, 올해에는 가족이 함께 즐길 수 있는 jazz 음악회를 문화관광부 후원으로 8월 17일 19시 음성 휴게소 유물 전시관 마당에서 지역 주민과 휴게소 고객을 대상으로 Jazz Band, Jazz Vocal이 울려 퍼질 것을 기대해 본다.

제10장

소식지 발행을 통해 평생교육의
중요성과 실천 전략을 보급하다

1. 충북새이웃 소식지 발간 보급
– 평생교육 확산 (충북새이웃 1호를 발행하다)

　처음으로 충북 새이웃이라는 소식지를 만들게 되었습니다. 한국지역사회학교후원회는 1969년 3월부터 회보를 제5호까지 발행해오다가 지역사회학교운동의 상징적인 용어를 '새이웃'으로 정하고 1970년 7월 6호부터 '새이웃'이란 제호를 사용하여 발행하였습니다.

　충북 새이웃은 후원회 새이웃 198호가 발행되던 1988년에 제1호를 발간하였습니다. 새이웃 소식지는 지역사회학교운동을 소개하는 차원에서 즉, 이념보급 차원에서의 홍보와 구체적인 프로그램의 참여를 위한 프로그램 교육활동이 주요 홍보활동 이었습니다. 새이웃 소식지는 회원 학교간의 활동 소개, 정보 제공, 지역사회학교운동에 관한 직간접적인 정보를 주고자 하였습니다. 충북 새이웃 첫 소식지에 충북지역사회학교협의회를 후원해온 차주원 본회 명예회장을 인터뷰하여 게재하였습니다. 차주원 명예회장은 평곡산업 사장으로서 매년 지역사회학교운동 후원금을 지원하였습니다. 그리고 교육부 지정 지역사회학교였던 음성 쌍봉초등학교가 주민 모두가 평생교육에 참여하고 지역 주민들과 한마음이 되어 학교와 지역사회를 발전시켜 나가는 사례를 소식지에 담았습니다.

신문을 발간해본 경험이 전혀 없어 처음에는 막막하였으나, 입사하여 본부 김주선 간사님으로부터 받은 홍보 교육 내용을 상기시키고 본부 소식지를 분석해가며 발간 계획을 수립하였습니다. 4×6배판, 스노우화이트지, 컬러 제작 등에 따른 예산을 수립하고 면의 성격을 구성하였습니다.

막상 소식지가 발간되고 보니 오타도 많고 부족한 부분이 한 두 가지가 아니었지만 37년이 흘렀는데도 소식지 첫 면부터 한 면 한 면이 사진 찍듯이 기억에 남습니다. 이후에도 생생한 평생교육 정보를 제공하고 가독성 높은 소식지를 발간하고자 노력하였기에 지금도 소식지 발간 용어들이 자연스럽게 읊조려집니다. 그리고 매월 발간되는 본부 소식지에 충북 소식을 보내 전국의 지역사회학교 즉, 평생교육 소식을 공유하였습니다.

이처럼 1980년 후반부터 새이웃 기자가 되는 간사 역할을 수행하기 위해 현장을 찾아가 지역사회학교 활동 참여자를 인터뷰하고 사진을 찍고 기사를 써서 소식지로 탄생시키는 경험은 훗날 보도자료 작성의 기반이 되었습니다.

이렇게 시작된 새이웃 소식지는 이제 인터넷 신문이 되어 57년이 지난 지금 매주 월요일 KCEF(한국지역사회교육재단) 평생학습 타임즈로 전국의 평생학습은 물론 글로벌 평생학습 소식을 전해주고 있습니다. 전국을 선도하는 평생학습 타임즈로 굳건하게 자리매김하였습니다.

책자로 받아보던 시대를 넘어 인터넷 소식지인 온라인 타임즈로서 누구나 언제 어디서나 접할 수 있는 홍보 매체가 된 소식지 발간은 시대 변화에도 바로 평생교육사 직무의 홍보 영역으로서 여전히 중요한 역할을 하고 있습니다.

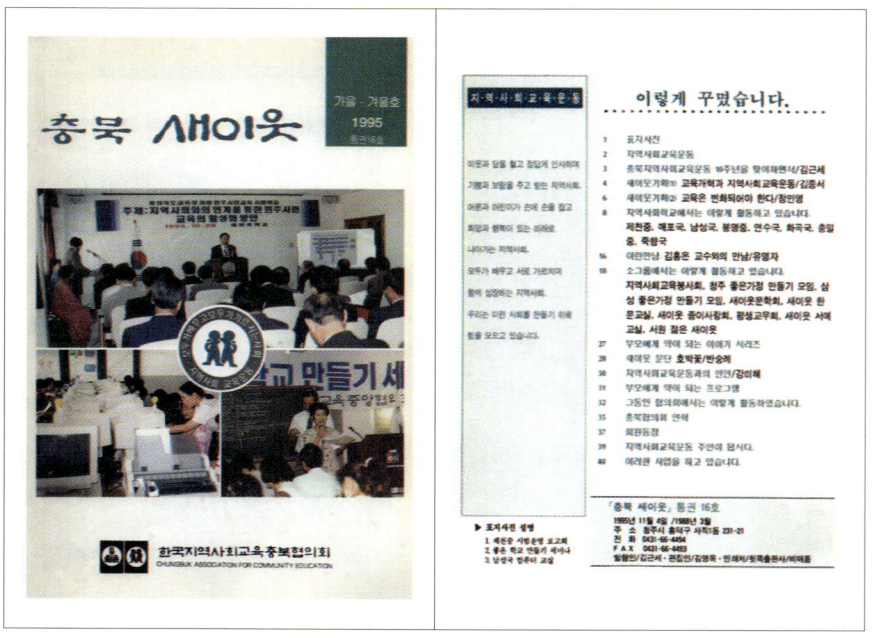

충북새이웃 소식지 발간(1988년부터)

출처: 한국지역사회교육충북협의회(1988년~), 충북새이웃

2.
창간사 (1988.3. 창간호)
– 내 지역의 학교를 평생교육의 장으로…

김근세 (충북지역사회교육협의회장)

"지역사회학교운동은 학교의 인적·물적자원을 활용하여 그 지역 특성에 맞추어 지역주민들에게 알맞는 프로그램을 개발하여 가정, 학교, 지역사회가 삼위일체를 이루는 공동체 의식을 갖고 평생교육의 장을 마련하는 것이다."

1969년 1월 지역사회학교운동은 순수한 민간운동으로서 20년동안 지속적으로 발전되어 정착·심화 되어 왔다. 이에 85년 3월 23일 수안보 유스호스텔에서 세미나를 가진 후 발족한 충북의 지역사회학교운동은 학교를 지역사회의 문화적 센타 역할을 할 수 있도록 노력을 기울인지도 4년에 접어 들었다. 용의해를 맞아 지역사회학교운동을 적극 홍보하고 활성화를 도모코자 "충북 새이웃"을 창간할 수 있게되어 기쁘게 생각한다.

교육은 가정과 지역사회안에서 이웃이 더불어 사는 공동생활을 영위해 나가는 동안에 이루어지는 생활과정이다. 과거에는 교육이 협의의 관점에서 이해되었으나, 현대와같이 사회변화가 격심하고 문화적인 위기에 처해 있는 사회에서는 교육의 기능도 확대 되어져야 한다. 즉 교육이 학교졸업과 동시에 끝나는 것이 아니라 학교교육을 끝낸후에도 계속될 수 있다는 재교육, 사회교육등으로 평생교육이 이루어져야 한다.

우리나라에서도 이러한 평생교육의 중요성에 비추어 사회교육의 강화가 절실히 요구되고 있다. 그러므로 학교가 학생들만의 교육을 담당하는 것이 아닌 지역주민의 교육과 생활에까지 관심을 갖고 교육해야 한다고 볼 때 학교중심의 사회교육적 측면에 초점을 둔 지역사회학교운동은 매우 중요한 의미를 갖는다.

"학교를 개방하자"는 구호로 태동한 지역사회학교운동은 학교의 인적·물적자원을 활용하여 그 지역특성에 맞추어 지역주민들에게 알맞는 프로그램을 개발하여 가정, 학교, 지역사회가 삼위일체를 이루는 공동체의식을 갖고 평생교육의 장을 마련하는 것이다. 지역사회학교운동을 통하여 그 지역사회안에 살고 있는 지역주민들의 학교에 대한 관심과 이해가 증진되며, 지역주민들은 자기성장을 꾀할 수 있게 된다. 또한 물질의 팽배로 인해 점점 멀어져만 가는 이웃과의 담을 헐어버리게 되어 내 학교, 내 이웃이라는 마음가짐으로 서로 돕고 협동함으로써 밝고 따뜻한 새이웃을 만나게 된다.

오늘에 살고 있는 우리는 내가 속한 지역사회의 학교에 관심을 갖고 자기가 가진 것을 아낌없이 나누어 주는 참다운 봉사정신을 발휘할 줄 알아야 한다.

새이웃 창간이 되기까지 많은 지도와 협조를 해주신 후원회와 회원님들께 감사드린다.

이번 새이웃 창간을 계기로 모든 회원들간의 역할 수행에 박차를 가할 수 있는 바탕이 되었으면 한다. 그리고 더 많은 지역주민들의 참여로 학교를 새이웃과의 만남을 통한 인정미 넘치는 훈훈한 장으로 만들어 나가야겠다. 앞으로 계속해서 발간될 새이웃에 많은 회원님들의 지속적인 관심과 진지하고 의미깊은 참여로, 충실한 충북의 지역사회학교운동의 길로 매진될 수 있기를 소망해 본다.

3. 축사
- 지역사회학교운동과 성숙한 시민

정주영 (한국지역사회교육 협의회장)

"지역사회학교운동은
「나」의 욕심을 채우는 이기적인 마음이 아닌
진정한 「봉사정신」이 앞서야 합니다."

충북의 지역사회학교운동에 관심을 가지고 지역에서 애쓰시고 계신 회원 여러분! 이제 충북협의회가 탄생한 지 네 해째에 접어들어 「충북 새이웃」의 창간을 축하드립니다.

오늘날 세계의 모든 나라는 매우 빠른 속도로 발전하고 있습니다. 그중에서도 우리 한국경제는 6·25 동란 이후 자본도 기술도 없는 이 황무지에서 가장 빠른 속도로 발전한 국가 중의 하나라고 생각되어집니다. 이와 같은 결과는 가난과 싸워서 이겨야 한다는 집념 아래 우리도 할 수 있다는 희망과 이상을 우리 젊은이들에게 일깨워 주신 교육자 여러분의 크나큰 봉사정신에 기인하고 있음을 알고 있습니다.

이렇게 선생님들의 교육열에 의해 급속도로 발전된 우리 경제는 사회 전반에 걸쳐 많은 변화를 가져다주었습니다. 정신적 성숙, 문화적 발전, 가정생활의 풍요와 안정 등. 그러나 오늘날 우리는 무한정한 경제적 성장보다는 어떻게 하면 우리의 사회를 보다 성숙한 민주사회로 발전시키느냐에 보다 많은 관심을 가지고 있습니다. 이러한 문제에 깊은 관심을 가지고 있는 몇 사람들과 1968년에 이 지역사회학교운동에 참여하기 시작했습니다.

처음 한국지역사회학교후원회라는 간판을 내걸고 이 운동을 시작할 때는 공동하는 사회, 협동하는 사회, 위대한 사회니 하는 거대한 뜻을 목표로 했던 것은 아닙니다. 그저 서로 모여도 마음 놓고 얘기할 곳이 없는 지역 주민들, 마음껏 뛰놀 장소가 없는 우리 어린이들을 위해 학교시설을 개방시키자는 단순하고도 간단한 슬로건으로 시작하였습니다.

그러나 20여 년이 지난 지금, 이 운동을 시작했던 학교 중 필요성을 못 느끼고 중도 하차한 학교는 한 군데도 없습니다. 그만큼 이 운동은 우리 사회에 꼭 필요한 것입니다. 그 지역 주민들이 하나로 뭉쳐야 되겠다는 의지와 집념이 있다면 안 될 것이 없으며, 지역사회학교는 그들에게 협조할 수밖에 없는 것입니다. 사람들은 흔히 우리의 지역사회가 발전하기 위해서는 경제의 발전이 가장 중요하다고 생각하고 사회·문화·종교적인 사상의 성숙은 뒷전으로 하고 오로지 경제적 성장에만 매달려 왔습니다. 그래서 한때는 물질만능주의 시대라는 말까지 유행되었습니다. 그러나 어느 정도 생활의 여유를 찾게 된 우리 국민은 인간의 행복은 「돈」이 아닌 「풍요로운 정신세계」에서 온다는 것을 깨닫게 되었습니다. 「부의 축적」은 한 민족이나 국민들이 인간적인 삶을 누리기 위한 필요조건이지 그것이 바로 삶의 목표일 수는 없는 것입니다.

우리는 진정 '성숙된 민주사회'를 원하고 있습니다. 이러한 사회 건설에 지역사회학교운동은 많은 공헌을 할 수 있을 것입니다. 그러나 어느 운동이나 마찬가지지만 특히 지역사회학교운동은 「나」의 욕심을 채우는 이기적인 마음이 아닌 진정한 봉사정신이 앞서야 합니다. 봉사하는 정신처럼 아름다운 것이 없고, 봉사하는 시민이 많은 국가처럼 살기 좋은 국가가 없습니다. 물질·지식·시간의 여유가 있어 내 주위 사람들에게 어떻게 하면 봉사를 할 수 있을 것인지에 관심을 둔다면 우리 사회는 보다 밝고 질서 있는 민주사회로 나갈 수 있을 것입니다.

다시 한 번 「충북 새이웃」 창간을 진심으로 축하드리며, 지역사회학교운동을 통해 충북의 전 도민이 성숙한 시민적 자질을 갖추시길 기대합니다. 앞으로 계속적인 발전이 있기를 기대합니다.

4. 축사
– 새이웃의 이웃되기

유성종 (충청북도 교육위원회 교육감)

"현대사회는 그 구조가 이웃에의 베풂의 관계, 또는 과정이라고 보고 싶습니다."

"德不孤 必有隣"이라는 말씀을 새겨봅니다. 논어 이인편의 공자님 말씀으로 덕이 있는 사람은 혼자가 아니고 반드시 좋은 이웃이 생기는 법이라는 것입니다.

　덕이 있는 사람은 언제나 고립하는 것이 아니고 반드시 사람들이 몰려

온다는 것으로 덕을 갖춘 인물은 결코 사회적으로 고독한 존재가 될 수는 없고, 반드시 그 덕을 경모하여 주위에 모여드는 사람이 있다는 뜻입니다.

널리 알려진 말씀으로 동양에서는 귀히 여기는 교의입니다. 이와 비슷한 말씀에는 "敎義立 德不孤"라는 귀구도 있습니다. 여기서 우리는 덕과 이웃과 그리고 교의(육)이라는 세 단어를 생각하여 봅니다. 훈고학적 해석이 아니고 현대적 의미로 볼 때, 덕은 "봉사"가 됩니다. 「대학」에 보면, 전문〈治國平天下〉장에 "(전략)得衆則得國하고 先衆則先國이니라. 시고로 君子는 先愼乎德이니 有德이면 比有人이오. 有人이면比有土오 有土면 比有財오 有財면 比有用이니라. 德者는 本也오. 財者는 末也니 (중략)財聚則民散하고 財散則民聚니라."는 治者의 본이 나옵니다. 이 인용문은 고전이면서 현대조치도를 잘 말하여 주는 것이며, 또한 덕이라는 것이 군자니, 교양이니, 인조이니 하는 차원을 넘어 베풀어야 한다는 것도 가르쳐 주는 구절입니다. 특히 "財聚民散 財散民聚"는 얼마나 곡화한 처세의 원리입니까! 베푸는 것은 또한 재물만의 것은아니지요. 인격적 감화로써도 베풀고, 학문과 지식과 기능으로써도 베풀고, 글과 땀과 말로서도 베풀 수 있읍니다. 베풀면 이웃이 생깁니다. 그러므로 현대사회는 그 구조가 이웃에의 베풀음의 관계 또는 과정이라고 보고 싶습니다.

교육과 베풀음의 관계는 재언 할 필요가 없는 것입니다. 교육 그 자체가 인간의 인간존중의 인간실현의 베풀음이니까요. 우리가 "평생교육과 학습사회"를 이해하면서 그런 시대의 도래를 가까이 예견한다면, 그 농도에 따라 대응하는 방법과 열성을 가져야 한다면 교육의 베풀음의 범위는 특히 학교교육에서 새로운 시각으로 교육의 원리와 방법을 긍정하지 않으면 안 될 것입니다. 학교전 교육이나 학교외교육이나 학교후교육이 학교교육 바깥의 사회교육이라는 개념규정에도 불구하고 학교교육의 한 영역이나 임무로 생각되는 시대가 되었다는 것을 두려움과 함께 수용하게 된 오늘의 우리는 정녕 미래에로 접근하고 있음이 틀림 없습니다. 그러면서 저는 지역사회학교 운동이 미국에서 대공황을 극복하기 위한 뉴딜정책과 함께 있었고, 또 Technocracy의 사회사상도 같이 일어났다는 것을 주목하여 왔습니다. 과연, 우리나라의 지역사회학교 운동은 어떤 모습으로 무엇을지향해야 하겠습니까!

「새이웃」이 나왔을 때, 참 좋은 이름이라고 생각했습니다. 새이웃은 곧 인간의 사회화라는 느낌으로 알았기 때문입니다. 이웃의 확대야말로 교육이요. 인간소외의 극복이라고 보고 있는 까닭입니다. 그런데 이번에 「충북 새이웃」을 만들게 되었다고 해서, 크게 기뻐하고 축하합니다. 베풀음의 확장이요, 베풀음의 의욕이라고 보기 때문입니다. 교육계의 교육확대는 우리의 새이웃을 만드는 것이고, 새이웃되기에 함께 참여하자는 교육기능의 확충을꾀하는 까닭입니다. 발전하시기 빕니다. "새이웃"의 "새"는 미래요, 의지요, 희망이요, 확산입니다.

더불어 사는 '새이웃'이기를 바랍니다.

5. 중앙 새이웃 발간, 전국 초중등학교에 보급
– 평생교육의 지평을 넓히다

한국지역사회교육후원회는 새이웃 소식지를 전국의 초중등학교, 교육청 등 교육기관에 배포하여 평생교육의 지평을 넓혔습니다.

새이웃 소식지가 우리나라에 사회교육법이 제정되기도 전부터 사회교육, 평생교육을 실천하고 있는 NEWS를 전파하는 역할을 한 것이지요.

이러한 노력이 있었기에 우리나라 평생교육이 제도화 된 것이 아닐까 생각합니다.

놀라운 것은 이렇게 새이웃으로 전파했던 한국지역사회교육후원회의 역할이 이제는 한국지역사회교육재단(곽삼근 이사장)의 평생학습 타임즈로 이어져 전국의 평생학습 소식을 전파하고 있습니다.

한국지역사회교육재단 평생학습타임즈는 최운실 6대 이사장님께서 창설하셨으며, 현재는 우리나라 평생교육의 지평을 넓히는데 큰 기여를 하고 있습니다. 평생학습타임즈와 관련해서는 다음 책에서 다루도록 하겠습니다.

우리나라에 사회교육법이 제정되고 당시 문교부 사회교육과정님 칼럼을 게재합니다.

끝으로 평생교육의 역사이시며 지금은 고인이 되신 황종건 교수님, 김승한 교수님의 글과 제가 평생교육 학자의 길을 걸어갈 수 있도록 지도해주신 최운실 교수님의 글로 마무리하겠습니다.

■ 사회교육기관으로서의 학교의 역할

김 용 현 / 문교부 사회교육과장

서울지역 교육감 교육 주제강의 일부 발췌

(새이웃, 제141호, 1984년 4월호)

"사회교육기관의 정의는 사회교육법 제2조에서 규정하고 있는 사회교육단체, 즉 '사회교육을 주된 목적으로 하는 법인과 법인 아닌 단체'를 말한다."

1. 서 론

　　Dewey는 인생을 '자기 재생 과정(self renewal process)'이라고 하면서, 이러한 과제를 조직적이고 체계적으로 해결하기 위해 만든 제도를 '교육'이라 고 설명한다. 그러나 교육이 무엇이냐? 하는 물음에 대한 답은 시대적 변화와 국가적 요구 수준에 따라 다르게 보아지고 있다.

특히 과학기술문명이 고도화 되고 있는 현대산업사회에 있어서 종래의 한 정적인 교육개념은 날로 퇴색해 가고 있으며, 오히려 인생의 전과정을 통해 교육을 강조하려는 평생교육적 접근방법이 요청되고 있다.

2. 개념의 정의

오늘의 주제를 풀어나가기 전에 선행되어야 할 몇 가지 개념을 살펴 보기로 한다. 먼저 교육의 유형에 대한 것이다. Coombs는 교육을 학교교육(F- ormal Education), 사회교육(Nonformal Education) 과 무격식교육(Informal Education) 으로 구분하고 있으며, Chicago 학파는 이에 즉흥적교육(Incidental/ Unintentional Education)을 추가로 구분하고 있다. 여기에서 학교교육과 사회교육은 조직적이고 의도적이라는 면에서 나머지 교육과 구별되며, 학교교육은 학교에서 행하여 지는 교육이라 할 수 있고 사회교육은 학교교육외의 모든 조직적이고 의도적인 교육을 뜻한다.

사회교육법 제2조에서도 '사회교육이라 함은 다른 법률에 의한 학교교육을 제외하고 국민의 평생교육을 위한 모든 형태의 조직적인 교육활동을 말한다'라고 되어 있다.

무격식 교육의 대표적인 예는 가정교육을 들 수 있으며 즉흥적 교육은 우리의 주위 환경과 사회활동을 통하여 경험적으로 얻을 수 있는 지식의 총체를 일컫는다. 아울러 사회교육기관의 정의는 사회교육법 제2 조에서 규정하고 있는 사회교육단체 즉, '사회교육 을 주된 목적으로 하는 법인과 법인 아닌 단체를 말한다'를 유추해석하면 된다.

3. 학교의 새로운 역할

앞서 언급한 대로 종래의 학교는 일정한 연령에 달한 학생에 대하여 일정한 시간동안 수업을 제공함으로써 본래의 기능을 다한 것으로 볼 수 있었다. 이러한 역할 수행만으로는 그 사회가 요구하는 교육적 수요를 충족한다고 볼 수 없게 되었으며, 이는 국민들의 소득수준 향상과 이에 따른 생활 수준 향상으로 국민들이 과거보다 훨씬 많은 여가 시간을 가질 수 있게 되고 또한 이를 선용하려는 요구가 증대된 데 기인한다고 볼 수 있다.

따라서 특히 1950년대부터 대학을 포함한 각종 학교는 이러한 사회적 교육수요에 대처하기 시작하였고 다양한 교육프로그램을 개발 실시하게 되었다.

Boyer는 이러한 현상을 이미 학교가 새로운 수요자(a New clientele)를 위한 '조용한 혁명(Quiet revolution)'을 시작하였다고 한다.

이의 대표적인 예를 지역사회교육 / 학교(Community Education/school)에서 찾아 볼 수 있다.

■ 사회교육의 세계적 동향 – UNESCO와 ICAE의 역할을 중심으로 (새이웃 163호 / 1986.2)

황종건 본회 이사 / 사회교육협회 회장

원래 교육은 인간의 생활이요. 그 성장 과정으로써 모든 인생의 보편적인 현상인 동시에 모든 사회의 공통적인 관심사이다. 국가나 사회는 그들에게 닥쳐오는 여러가지 도전을 극복하면서 궁극에 가서는 근대화나 국가 발전의 목표를 지향하는 과정에서 국민들의 교육을 무엇보다도 강조하고 있다. 다시 말할 것도 없이 '교육은 근대화로의 문을 여는 열쇄인 것이다.'

1945년 제 2차 대전이 종결되고 나서 아세아, 아프리카의 모든 식민지가 해방되기 시작하였을 때 UNESCO는 그들의 첫 사업으로 신생국의 성인교육운동을 시도하였으며 1948년 제1차 UNESCO 세계성인교육회(Elsignor) 에서는 여러나라 에서의 성인들을 위한 인문교육, 시민교육, 국제이해교육 등의 가치를 강조하였다. 여기에서는 그동안 전제주의 국가들에 의해서 야기된 무서운 전쟁으로 인한 살육과 파괴의 악몽으로부터 민주주의를 수호하고 인간성을 신장하려는 인류 전체의 이상이요 염원이 세계 각국의 사회교육 목표로서 구체화 되지 않으면 안되는 단계에서 필연적인 결론이었다.

그동안 학교교육만을 교육이라고 착각해 온 세계 여러나라에서 Elsignor 회의에서의 자극과 그동안 UNESCO 의 노력에 의해서 점차 성인교육 사업을 전개하기 시작했다. 이와같은 세계적인 사회교육 추세에 힘입어 발달한 것이 우리나라에서는 수원의 '신생활교육본부'(Fundamental Education Ce-Ier) 의 설치로서 이 시설은 그 후에 지역사회개발 지도자 훈련소로 발전하였다가 그 후에는 새마을지도자훈련원으로까지 발달하게 된 것이다.

1960년에는 제2차 세계성인교육회가 Montreal(카나다)에서 개최됐는데 그때까지의 사회교육은 협의의 것이여서 한 성인의 자기실현과 사회적 조화를 위한 조직적인 교육으로 생각되었으나 Montreal의 결론과 건의는 직업 및 기술의 성취와 여가의 유용한 활동 등을 포함하는 모든 교육적 프로그램을 성인교육에서 강조하게 된 것이다.

그리고 1972년에는 동경(일본)에서 제 3차 성인 교육대회가 1985년에는 파리에서 제 4차 세계성인교육회의가 열렸다. 이 시기에 들어서서는 성인교육이 모든 나라의 국가적 교육계획중의 통합적 일부로서 취급될 것이 강조되고 있으며 평생교육 제도의 수립과 학습사회 건설을 모든 사회교육의 궁극적인 목표로 삼게 되었다.

그러나 지금까지 세계 성인교육의 동향을 주도해 온 UNESCO는 그 기구상의 성격상 정부를 회원 단위로 하고 있는 것이기 때문에 사회교육의 효과적인 보급을 위해서는 비정부기관(NGO)으로서의 사회교육 국제기구가 요구되었다. 그리하여 1973년 동경회의에서의 건의에 따라 1974년 국제사회교육협회(International Council for Adult Education)가 탄생하게 된 것이다. 국제사회교육협회는 UNECO와 밀접한 관계를 가지고 세계 여러나라의 국가 단위 사회교육협회를 회원으로 하여 비정부기관 수준에서 여러가지의 활동을 전개하고 있는데 한국사회교육협회는 이 협회의 중요한 회원으로 되어 있다. ICAE 의 다섯번째 세계대회가 1985년 11월 부에노스아이레스(아르헨티나)에서 개최되었는데 여기에서의 중심 테마는 '대중교육에 있어서의 발전과 평화'였다. 3년 전의 Paris나 6년 전의 Helsinki 회의에서와는 다르게 자유와 민주화를 갈망하는 라틴 · 아메리카 제 3세계 여러 나라들의 정열적인 사회교육 열기 속에서 50명의 참가자들이 자칫 사회교육 부흥회나 정치유세장과 같은 분위기 속에 빠지는 것을 느꼈다. 그러나 유럽이나 미국 또는 일본과 같은 선진국 대열에서만 사회교육을 보고 또한 다루어 온 우리에게는 다소 생소하기도 하고 거부감마저 갖게 했으나 사회교육을 통한 민중의 해방이라는 목표(슬로건)를 높이 내세우고 힘차게 움직이고 있는 제 3세계의 사회교육운동은 그들 나름대로의 긍정할 만한 경제적 정치적 배경이 있음은 차차 이해하게 되었다.

사회교육협회 회장이자 본회 이사인 황종건 교수(중앙대 사회복지대학원)는 지난 1985년 11월 24일~30일까지 아르현티나의 부에노스 아이레스에서 있었던 세계 성인교육대회 ICAE(국제사회교육협회) 정기총회에 참석하였다. 황 교수는 11월 28일에 있었던 정기총회 임원 개선에서 교체되는 부회장 중 ASPBAE(Asian and South Pacific Bureau of Adult Education) Regiom 3의 부회장으로 선출되었다. 〈새이웃 편집자 주〉

한국지역사회교육후원회는 새이웃 소식지를 발간하여 전국의 초중등학교, 교육청 등 교육기관에 배포하여 평생교육의 지평을 넓혔습니다.

평생교육의 역사가 될 수 있는 학자들의 칼럼, 강의 내용, 프로그램을 소개합니다.

■ 범 생활 영역의 학습

김승한·(본회 이사 / 한국방송통신대 교수)

평생교육 개념이 「요람에서부터 무덤까지」라는 생애 전체에 걸친 학습의 지속이라는 수직적·시간적 측면(lifelong)과 함께, 인생의 전영역과 사회전반에 걸친 폭넓은 이해가 필요하다는, 수평적·다면적 성격(lifewide) 등 두 기둥으로 구성되었다는 것을 이해하는 것이 중요하다는 것이다.

요즘에 와서는 우리 나라에서도 ' 평생교육 또는 평생학습이라는 용어가 제법 뭇사람들의 입에 오르내리는 일상 용어의 하나가 된 느낌이 짙다. 70연대초 유네스코에 의해 처음으로 제창되어 우리 나라에 소개 된 이 낯설은 전문용어가 불과 15~6년만에 우리 국민의 일상용어의 하나로 이처럼 자리를 굳히게 된 까닭은 여러가지 그럴만한 이유가 있었기 때문일 것이다.

첫째, 그동안 우리가 경험해 온 사회발전의 속도가 너무도 빨랐기 때문에, 평생교육이란 개념이 미처 이해 되지 않았음에도 불구하고 실질적으로 평생교육개념이 담고 있는 개념적 내포(槪念的內包)의 절실성이 뭇사람들의 피부적 공감으로 체득됐을 것 이라는 추단이 가능할 것이다.

지역사회학교운동이 이 땅에 정착한 것은 우리가 하고 있는 한국지역사회학교후원회의 활동이 시작되면서 부터라고 해도 과언이 아닌만큼, 기껏해야 17~18년의 역사밖에 안되지만, 이 운동의 발전과정을 그야말로 평생교육개념의 보급과정과 궤도를 같이 했었다고 할 수 있다. 다시말해 지역사회학교운동에 참가한 모든 사람들은 평생교육이라는 개념에 대한 충분한 이해를 갖기 이전부터 실제적으로 평생교육의 필요성을 피부로 느끼 고, 몸소 평생학습을 실천에 옮기는 가운데 어느듯 평생교육 개념이 오늘날처럼 국민의 일상어가 된 것을 보고 스스로 놀라고 있는 처지라 해도 좋으리라는 것이다. 그것은 비단 지역사회학교운동에 참가한 회원동지들만을 두고 하는 얘기일 수는 없다. 이 나라에 평생교육개념이 정착되기 이전부터, 설사 그런 전문용어에 대한 개념적 정립과정은 거치지 않았을 망정, 몸소 평생학습을 실천에 옮긴 사람들의 예를 든다면, 산업체의 일꾼과 노동자들, 부녀단체의 회원들과 그 조직일꾼들, 군교육기관의 교관들과 그 훈련생들, 각종 사회단체의 임원들과 그 일꾼들, 개량농법을 교도한 노사교도기관원과 농민들… 등등 헤아릴 수 없이 많은 이들은 하나같이 폭발적으로 증가하는 지식정보의 홍수와 급변하는 산업기술의 물결에 적응하기 위해, 처음에는 무엇인가에 쫓기듯한 심정으로 새로운 것을 배우기 위해, 학교교육 이외의 사회교육과정에 뛰어들어감으로써 몸소 평생교육을 실천에 옮긴 선구자적 경험자들이었다고 할 수 있다.

둘째, 평생교육개념에 관한 한, 한 국의 교육학도들은 다른 어떤 영역의 전문학자들이나 지도층인사들보다도 일찌기 이 개념이 내포하고 있는 교육혁신의 원리, 사회개조의 원리, 복 지사회실현의 원리등에 대한 투철한 인식을 갖고 그 창도에 힘쓴 결과라고 생각할 수 있다.

평생교육개념이 내포하고 있는 이념적 기초란 다름아닌 모든 국민이 인간다운 삶을 이끌어 나갈 수 있기 위한 조건을 현실적으로 가꾸어 나가려는 실천운동이자, 사회의 모든 영역에 걸친 민주화에의 요구를 집약적으로 대변한 것이라 할 수 있고, 치열한 경쟁속에서도 남들과 더불어 평화롭게 공존하면서 모두가 질적으로 한 층 더 높은 삶을 이끌어 나가기 위한 방법을 가르쳐주는 진정한 교육의 원리라고 정의할 수도 있다. 지역사회학교후원회가 내걸고 있는 표어 가운데「모두가 배우고 모두가 가르치는 학습사회의 구현」이라든지「모든 사회환경을 개조하여 학습적 환경으로 만들자」는 말들은 매우 소박하고 간단한 것 같으면서도, 사실은 정치적·사회적·경제적·문화적으로는 매우 의연한 현실개혁의지, 단호한 민주화운동에의 열망 등이 포함되어 있는 것으로 보아야 한다.

셋째, 평생교육개념은 그 개념이 내포하고 있는 포괄적 특성 때문에 일단 그 말이 법률적 용어로 사용되거나, 정치지도자의 입에 오르내리기 시작하면, 그 발설자의 의사와는 관계 없이 포괄적인 사회개혁의 원리로 작동될 수밖에 없는 필연성을 가졌기 때문이라고 생각된다. 제5공화국의 헌법에 이른바「평생교육조항」이 삽입되고, 그 이후 이 나라 정치지도자들의 입을 통해서 평생교육이라는 말이 자주 등장한 직접적인 동기를 정확하게 촌탁할 수는 없지만, 이 나라에서 짧은 기간 안에 이 용어가 일상어가 되다시피 인구에 회자하게 됨과 동시에 정치·사회·문화·교육계 전반에 걸친 대대적인 개혁에의 움직임이 활발하게 되었다는 것은 결코 우연한 일이라고는 할 수 없다. 이런 뜻에서 평생교육의 개념은 위대한 사회개혁의 원리와 직결된 것이라할 수 있고, 그것은 우리 지역사회학교운동의 노래라 할 수 있는 「내게 강같은 평화」에서 노래한 평화를 사랑과 기쁨에 충만한 삶에서 의지를 대변하는 것이라 하여도 지나침이 없다.

평생교육개념은 이렇듯 그 개념 내용에 대한 이론적 정립이 있기 전에도 몸소 행동을 통한 실천적 이해로써 국민 모두의 가슴 속에 열망의 불씨를 실은 것이 되었지만, 그 개념의 친근한 형태로서의 우리 지역사회학교운동이 더 한층 성공적으로 발전하기 위해서는 이제부터 개념자체에 대한 보다 정확한 이해가 필요하다는 것도 또한 의심할 수 없는 사실이다. 평생교육개념의 정확한 이해를 위해 꼭 필요한 두가지 시점(視点)이 있다. 평생교육개념의 정확한 이해를 위해 꼭 필요한 두가지 시점(視点)이 있다. 그것은 이 개념이「요람에서부터 무덤까지」라는 생애 전체에 걸친 학습의 지속이라는 수직적·시간적 측면(lifelong)과 함께, 인생의 전영역과 사회전반에 걸친 폭넓은 이해가 필요하다는, 수평적·다면적 성격(lifewide) 등 두 기둥으로 구성되었다는 것을 이해하는 것이 중요하다는 것이다.

필자는 각 지역사회학교의 운영위원들이 모여서 실시하는 몇차례의 웤샵에 참가하여 이 말은 되풀이 강조한 일이 있지만, 여기서 나의 생각을 다시 요약해서 정리한다면 다음과 같다.

즉 지역사회학교운동에 참가한다는 것은 직접적으로는 자신과 자신들의 가족을 위한 자기갱신과 자아성찰를 통한 보다 행복하고 보다 만족스런 삶에의 길을 여는 운동이지만, 더 크게는 자신이 살고 있는 지역사회 전체(동네, 국가사회, 인류사회 전체)의 혁신과 개조운동이라는 것을 깨달아야 한다는 것이 첫째이고, 다음으로, 지역사회학교는 단순한 자모들이 학교시설을 이용한 한정된 범위의 학습장소를 제공받는데 그치지 않고, 인생의 모든 영역과 모든 국민에 걸친 폭넓고 통합적인 학습기회에의 참여를 의미한다는 것이 둘째이다.

우리는 평생을 사랑과 기쁨에 충만한 삶을 성취하기 위해 지역사회학교운동에 참여하고 있으며, 이 운동은 곧 나라 전체의 학습사회화에의 요구를 충족시키면서 궁극적으로는 나라의 민주화요 진정한 평화를 쟁취하는 길이기도 하다는 것을 잊지 말아야 할 것이다.

■ 새이웃 테마기획 – 평생교육과 지역사회교육운동
학교에서의 문해교육 프로그램

최운실 (한국교육개발원 평생교육연구실장)

한국사회가 특히 높은 수준의 교육 선진국임을 자부하고 있는 이 시점에서, 이미 50년대 말 우리의 관심 대상에서 밀려난 '문맹'의 문제가 다시금 논제로 대두된다 함은 의아한 일일 수도 있을 것이다.

더우기 UN이 1990년을 "세계 문해의 해(International Literacy Year)"로 정하여 대대적인 교육사업들을 전개하고 있는 추세라든지, 또는 금년 3월 태국에서 개최될 거대한 규모의 WCEFA 즉 "만인을 위한 교육(Education for All)" 세계대회 진행상황만 보더라도, 우리는 쉽게 전 세계적인 문해교육의 동향과 그 조류를 가늠해 봄직하다.

사회생활의 영위에 필수적으로 요청되는 기본 지식·정보와 기능의 영역이 이제 단순한 읽기·쓰기·셈하기의 3R 문자문해능력을 넘어서서 생활기능

문해, 정치적 문해, 경제적 문해, 과학적 문해, 직업·기술적 문해, 컴퓨터문해, 도덕·윤리적 문해, 이념·이데올로기의 문해 등 매우 광역적인 범주로 확산되고 있음을 우리는 쉽게 발견할 수 있다. 이러한 새로운 의미의 확대된 문맹 또는 문해의 개념을 그 척도로 할 때 우리 사회에 얼마나 많은 국민들이 "문해교육 수요집단"이 될 수 있을 것인가 동시에 예상될 수 있을 것이다.

그렇다면 교육의 중추적 기체로서의 학교는 문해교육의 아젠다(agenda)에 어떠한 몫을 해야 할 것인가? 학교가 개발하고 제공해야 할 문해교육의 프로그램은 어떠해야 할 것인가?

무엇보다도 먼저 학교는 그 구성원인 "학생"들에게 정규학교 교육과정을 통한 문해교육을 충실히 제공해 줄 의무가 있다. 이는 곧 학교교육의 수료 그 자체가 결코 이론과 실제가 괴리된 죽은 교육 또는 입시준비의 수단적 훈련이 아닌 진정한 전인(全人)형성의 척도로 작용해야 함을 의미한다.

충분한 학교교육을 받고도 사회인으로서의 역할을 제대로 수행해내지 못하는 미완성 사회인에 머물러 있다든지 또는 지식만 전수받은 채 인격이 전몰된 "반쪽짜리 인간"으로 남게 되었다면 이는 곧 학교교육이 진정한 '교육'의 의미를 상실한 채 역류되고 있다는 증거이며 동시에 학교교육의 기능이 비정상화된 과행적 상태에 있음을 의미한다. 지금 우리 사회에는 학교교육이 한낱 입시 준비의 장으로 전락해 버렸다는 비판과 자성의 소리가 드높고, 이를 회복시켜 보려는 교육계의 움직임 또한 분주하다. 더우기 정상적으로 국민학교나 중·고등학교를 마친 학생들 중에도 한글 해독이나 기본 수셈 능력이 없는 비문해자가 있다는 교육계의 심각한 문제 지적과 우려 또한 결코 간과할 수 없을 것이다.

이제 학교는 그 본래의 교육 기능을 회복하여 학교 교육 수혜가 곧 광의의 문해교육 수혜와 동일시될 수 있도록 교육과정 전반을 재삼 숙고하고 부단히 개편해 나가야 할 것이다. 동시에 거의 비문해 상태로 사회에 방치되는 학생 낙오자가 없도록 소외된 하위권 성적 학생들을 위한 특별한 보통·심화 학습프로그램이나 보상교육을 문해교육의 관점에서 실시해야 할 필요가 있다.

두번째로, 학교는 해당 학생뿐 아니라 학부모교육, 더 나아가서는 해당 지역사회주민 대상을 위한 사회교육 및 성인교육이라는 관점에서 이들 위한 폭넓은 문해교육프로그램을 개발·제공해 줄 필요가 있다. 이는 단순히 문자나 셈하기 등의 기술문해교육 프로그램 수준이 아니라, 훌륭한 부모로서 자녀의 올바른 지도와 양육을 담당할 수 있도록 하는 학부모 능력 함양 교육이라는 관점에서, 그리고 학부모 스스로의 사회생활 수행능력을 함양시켜줄 수 있는 생활기능 문해교육이라는 관점에서 동시에 고려되어야 할 것이다.

이때 문해교육의 프로그램에는 기초교양교육이나 자녀학습지도교육, 대인관계훈련, 시사 및 경제동향, 정치, 재산관리성 및 증권, 건강, 보건 등의 다양한 영역이 문자생활의 효율적 운용능력 함양이라는 측면에서 제시될 수 있다. 이들이야말로 모두가 중요한 생활기능문해 또는 전문적 문해교육이 될 수 있기 때문이다.

마지막으로, 정규교육과정 이외의 학교에서의 문해교육 프로그램 운영은 결코 교사 주도형이 아닌 학부모, 지역사회 자원인사나 지역주민의 공동참여에 의한 자생적 교육이 되어야 한다. 우리의 자녀들이 학교에서 배운 지식과 기술을 입시·진학의 굴레 속에 무용지물로 사장시켜 놓지 않고 자신의 의미있는 삶의 영위를 위한 "유용한 삶의 기제"로 십분 활용할 수 있도록 하기 위한 진정한 "학교문해교육"의 전개에 있어 결코 학부모나 지역주민들은 방관자나 문외한일 수 없기 때문이다. 거대한 문명사회의 "문맹유발적 도전 요인"들에 대처·적응해나가는 '문해자'를 기르기 위해 지역사회학교는 "기능적 식자(識者)"를 기르기 위한 다양한 프로그램을 개발·확산·보급시키는 사업에 선뜻 앞장서야 할 것이다.

최운실 교수님은 제가 평생교육학자의 길로 걸어갈 수 있도록 학문적인 성찰을 할 수 있는 힘을 길러주신 스승님이십니다. 한국교육개발원 평생교육연구실장을 거쳐 아주대에서 무수히 많은 평생교육 석박사를 길러내셨습니다. 제2대 국가평생교육진흥원장님을 역임하셨고 세계평생학습명예의전당에 헌정되셨으며 유네스코 학습도시 위원장을 지내셨습니다.

더욱더 깊은 인연은 바로 한국지역사회교육재단(KCEF) 6대 이사장님을 역임하신 것이지요. 최운실 교수님의 제자로서 함께한 평생교육 역사는 다음 권에서 펼치도록 하겠습니다.

집필 후기

1969년 한국지역사회학교후원회가 탄생되고, 1985년 충북협의회가 조직되어 초중등학교 중심의 평생교육, 지역사회교육운동을 추진해온 것은 우리나라는 물론 충북 평생교육의 중요한 역사라고 할 수 있습니다.

제가 평생교육사로 업무를 시작한 1987년 11월부터 평생교육 역사를 기록하다 보니 1987년 이전의 역사를 기록하지 못한 점이 아쉬움으로 남습니다. 하지만 이후에는 우리나라 평생교육의 역사라고 할 수 있는 한국지역사회교육협의회와 연계하여 충북협의회 사업을 기록하고자 하였습니다.

집필을 하다보니 제가 충북지역의 초중등학교를 중심으로 펼쳐온 평생교육 지역사회교육운동 실천에 비중을 두게 되어 1, 2권으로 출간하게 되었습니다.

양이 방대하여 1987년 11월부터 1997년 충북협의회가 해산하고 청주협의회로 새롭게 시작하는 시기까지 집필하였습니다. 아쉽게도 제가 보관했던 외장형 하드가 열리지가 않아 생생한 사진 자료를 담지 못했습니다. 다행히 제가 근무하면서 1988년부터 충북 새이웃을 발간하여 기록한 자료와 한국지역사회교육협의회 새이웃에 게재된 자료를 근거로 정리할 수 있었습니다.

부족한 부분이 많은 점을 양해 바라며, 1997년부터 전개해온 평생교육 역사 이야기는 3권부터 시리즈로 집필해가도록 하겠습니다.

「평생교육사의 탄생과 역사」가 역사적인 평생교육 자료가 될 수 있도록 우리나라에 평생교육을 탄생시키고 발전시켜온 한국지역사회교육후원회, 충북협의회 관계자와 실천가, 그리고 한 모퉁이에서 초중등학교 중심 지역사회 교육운동을 펼쳐오신 분들의 노고에 진심으로 감사의 마음을 전합니다.

또한 저의 바쁜 일정에 맞추어 「평생교육사의 탄생과 역사」가 출간될 수 있도록 도와주신 프로방스 조현수 대표님, 조영재 이사님, 문영윤 편집이사님께 감사드립니다.

저자 김영옥

평생교육사의 탄생과 역사 (2)

초판 인쇄 2025년 2월 21일
초판 발행 2025년 2월 28일

지은이 김영옥
발행인 조현수
펴낸곳 도서출판 더로드
기획 조영재
마케팅 최문섭
편집 문영윤

주소 경기도 파주시 광인사길 68, 201-4호(문발동)
전화 031-942-5366
팩스 031-942-5368
이메일 provence70@naver.com
등록번호 제2015-000135호
등록 2015년 6월 18일

정가 23,000원
ISBN 979-11-6338-311-6 (04370)
ISBN (세트) 979-11-6338-480-9 (04370)
파본은 구입처나 본사에서 교환해드립니다.